98 / Colección Trópicos

Edición exclusiva impresa bajo demanda
por CreateSpace, Charleston SC.

Editorial Alfa
Apartado 50304, Caracas 1050, Venezuela
e-mail: contacto@editorial-alfa.com
www.editorial-alfa.com

ISBN: 978-1974169757

Diseño de colección
Ulises Milla Lacurcia

Diagramación
Rozana Bentos

Corrección
Magaly Pérez Campos

Imagen de portada
Efrén Hernández

Printed by CreateSpace, An Amazon.com Company

De que vuelan, vuelan

Imaginarios religiosos venezolanos

MICHAELLE ASCENCIO

A Alfredo Chacón, Angelina Pollak-Eltz,
Jacqueline Clarac y Gustavo Martin: iniciadores
de la Antropología de las Religiones en Venezuela.

A Yolanda Salas, in memóriam, *Nelly García Gavidia,*
Daysi Barreto, Ernesto Mora, continuadores.

ÍNDICE

AGRADECIMIENTOS

Mi sincero agradecimiento a la antropóloga María Luisa Allais: sus comentarios y críticas resultaron imprescindibles para la redacción de este trabajo. Agradezco también la acuciosa lectura del historiador José Ángel Rodríguez y las sugerencias y atinadas observaciones de la escritora Ana Teresa Torres, que influyeron en la estructura final del trabajo.

Mi agradecimiento especial a la investigadora Mirla Alcibíades, conocedora del centro de Caracas y de su vida cotidiana, quien me acompañó en mis recorridos por las iglesias y templos y por las tiendas y comercios «esotéricos».

I. LAS SOCIEDADES DE LA DESCONFIANZA

Muchos mitos narran cómo y por qué surgió el mal en el mundo. La enfermedad y la muerte, la hostilidad y la desigualdad, la pérdida y el extravío, son narrados una y otra vez en ese lenguaje fulgurante y sombrío que ha persistido a través del tiempo por la fascinación que ejerce. Después de todo, el mal es un asunto que los seres humanos y las sociedades enfrentan desde los tiempos primordiales, sin llegar a resolverlo del todo, pues el mal es consustancial a la especie humana. Nadie puede esquivarlo: en la medida en que las sociedades buscan el bien, la falta, la falla, que son otros nombres del mal, han de ser confrontadas.

Dos posiciones extremas sobre el origen del mal ilustran los numerosos relatos míticos que se han conservado desde la antigüedad hasta nuestros días. En la primera, los seres humanos son culpables de su destino: el mal se debe a un error, a un pecado, a una falta u omisión que surgió cuando los hombres desobedecieron las leyes emanadas de una divinidad y perdieron la gracia, el paraíso o la felicidad. En la segunda, los hombres no son responsables de su destino: el mal proviene del exterior, de una fuerza que puede ser la naturaleza, un dios o un espíritu poderoso que somete al hombre a su arbitrio. En ambos casos, los seres humanos se sienten dominados y dependientes de un poder o de entes sobrenaturales que los castigan y los premian. Los diferentes sistemas religiosos acogen una de las dos versiones míticas del origen del mal; la balanza se inclina hacia la culpa o la persecución, aunque ninguna de las religiones conocidas se compromete exclusivamente con una u otra versión.

La Antropología de las Religiones ha demostrado el predominio de la culpa en las religiones monoteístas y el consiguiente predominio de la persecución en las religiones politeístas o paganas. Pero el problema no es tan simple ni se resuelve con una clasificación. Tanto el monoteísmo como el politeísmo son concepciones de la vida que van más allá de lo religioso y engloban actitudes y comportamientos frente al mundo y frente a los otros seres humanos. Mucho más difícil es la comprensión de sociedades que, durante mucho tiempo, vivieron bajo las formas religiosas y sociales del paganismo y fueron colonizadas y obligadas a adoptar una religión monoteísta, tal como sucedió en América y en África, específicamente. En estos casos, las sociedades colonizadas asistieron a una descalificación de sus religiones paganas (autóctonas) por parte del colonizador y pasaron a ser consideradas formas degradadas de la religiosidad, supercherías o sobrevivencias de épocas «primitivas», superadas por ese mismo colonizador, que se arrogó el rol de civilizador y satanizó la cultura de los dominados. Los investigadores han subrayado que, en todas partes donde el cristianismo se impuso, se produjo una serie de cambios sociales y económicos que afectó, de manera irreversible, el orden social en el que la magia tenía un lugar oficial y funcional.

En ese orden mágico-religioso pagano, la práctica de la hechicería aparece como parte integrante de lo que podríamos llamar, con Marc Augé, la lógica del paganismo. Cuando se trastoca esta lógica, se alteran o se pierden los marcos de referencia de la sociedad y los modelos que servían para la interpretación del mal, es decir, se alteran las concepciones de la enfermedad, la desgracia y la muerte que constituían la tradición del grupo. Además, problemas como las migraciones, el desempleo, las fallas escolares, ya no pueden explicarse con la visión tradicional. Aparece entonces un mundo fracturado, barroco, en el que se mezclan diablos y brujos, santos y demonios. Sabemos por la historia que, en el caso del catolicismo, la versión popular de esta religión, que se manifiesta en el culto a los santos y a los mártires, a las vírgenes y a los ángeles, es tomada y asimilada por los pueblos dominados y reinterpretada en función de sus propias creencias. Veremos, en este trabajo, cómo este «catolicismo popular» sirve muchas veces de marco o de máscara para ocultar la religiosidad autóctona, cuando no inaugura un sistema de correspondencias entre dioses paganos y santos católicos, y entre los ritos de una y otra, tal como sabemos ocurrió con la santería, con el vodú y el candomblé, las tres religiones afroamericanas de nuestro continente, y con los cultos como san Juan y san Benito, en Venezuela. Parece ser, sin embargo, que aun cuando hay identificación entre los ritos y correspondencias entre santos y dioses, la culpabilidad y la persecución, como reguladoras de la conducta social, no se integran y, por lo que señalan los antropólogos que hemos revisado, la persecución parece prevalecer ampliamente sobre la culpabilidad en el comportamiento de los devotos de las religiones paganas. Refiriéndose a los devotos de María Lionza, Gustavo Martin nos dice:

> La culpabilidad es poco interiorizada o constituida como tal. Todo sucede como si el individuo no pudiera aceptar verse dividido interiormente, movilizado por deseos contradictorios[1].

El devoto de una religión pagana no se percibe como culpable; más bien proyecta sobre espíritus y sobre otras personas el mal que percibe en sí mismo. De aquí que Martin no vacile en decirnos que la proyección aparece como el mecanismo privilegiado de la cultura barloventeña para formular y resolver el problema del mal[2]: el otro siempre tendrá la culpa de la desgracia sucedida y las acusaciones llueven sobre los demás y se hace difícil aceptar cualquier crítica que venga del entorno social. En estas acusaciones permanentes a los demás puede leerse, nos dice Nelly García Gavidia, la necesidad de reafirmación, la tendencia competitiva y el miedo a responsabilizarse por los fracasos[3]. La cuestión de la responsabilidad es asunto que no puede ser

---

1   G. Martin, *Magia y religión en la Venezuela contemporánea*, p. 203.

2   Ibídem, p. 61.

3   N. García Gavidia, *El arte de curar en el culto a María Lionza*, p. 39.

dejado de lado en relación con el comportamiento de los creyentes: en una sociedad que proyecta el mal sobre los demás, sean espíritus o seres de carne y hueso, los individuos no se sienten responsables (en última instancia, culpables) sino perseguidos: la relación entre la conducta y sus consecuencias no se percibe; las personas viven *como si* las consecuencias de sus actos escaparan a su responsabilidad, porque las conciben como causadas por una fuerza más poderosa que los domina, los persigue o los castiga. Son los dioses los responsables; son ellos los que intervinieron para que un devoto actuara de una determinada manera. Las frases «esa fue Ochún la que me puso así», «es un castigo de Changó», «Ogún lo agarró y lo batió contra el suelo», «eso le pasó por meterse con el Negro (Felipe)», «la Reina te va a castigar» y otras parecidas se oyen a menudo en boca de los creyentes de estas religiones.

La persecución ha dado lugar a una categoría de análisis que se conoce con el nombre de «dimensión persecutoria del mal». Esta dimensión, que también es común en los devotos de las iglesias evangélicas, llamada también simplemente «noción de persecución», significa, como hemos dicho, que todos los males y desgracias, sean físicos, psíquicos o de cualquier otra índole, se proyectan sobre un otro exterior a la persona que los padece. En otras palabras, la desgracia y el mal se atribuyen a las malas intenciones de los demás o a las acciones provocadas por los otros para causar el mal. Estamos así frente a una sociedad y frente a unos sujetos que se sienten «perseguidos». De acuerdo con las investigaciones de los antropólogos que hemos consultado, estos perseguidores son, generalmente, de dos tipos:

- Espíritus, santos, dioses, orichas, entidades, diablos, muertos, ánimas o cualquier otro ente sobrenatural.
- Seres humanos, especialmente parientes y amigos cercanos, colegas, gente que pertenece al entorno de la persona.

Ahora bien, debemos saber que en estas religiones, la relación entre los fieles y las deidades es muy estrecha: fieles y dioses están emparentados y los devotos pretenden, mediante los ritos y, particularmente, mediante las promesas y las oraciones, que los dioses participen en sus vidas e intervengan, de una manera directa y efectiva, para otorgarles lo que les piden. Lo anterior significa que la dimensión mágica de estas religiones es muy activa y muy importante, pues es ella la que garantiza el bienestar de los devotos. Hay que saber también, sin embargo, que la dimensión mágica está presente, en mayor o menor grado, en todas las religiones, y aparece cuando un individuo pretende mover a la divinidad en su provecho personal, bien sea para curarse de una enfermedad, para obtener dinero, bienes materiales, fama o poder... La «coacción al Dios» (Weber) mediante rezos o mediante acciones de cualquier tipo tiene que ver con la magia. Y magia (hechicería, brujería,) no es solo el muñequito vodú atravesado de alfileres, o el sapo con la boca cosida, o el nombre de la persona metido en un frasco de sal, o la estampa del santo bocabajo; también los ensalmes, los baños para la buena suerte, las oraciones para que alguien venga o se vaya, o para obtener amor o dinero; los fetiches que se llevan puestos, los collares de las deidades de la santería, las piedras, los cristales, las cadenas con la medalla de una Virgen o de un santo: todo lo que supuestamente sirva para mover a una deidad, para mover una fuerza o a un espíritu a mi favor cae dentro del ámbito de lo mágico. Lo que cambia son los medios según la clase social, pero la intención es la misma. Leer el tabaco, por ejemplo, nos puede parecer «primitivo», pero leernos las cartas, el horóscopo, el tarot, tiene el mismo objetivo: conocer el futuro a través de un objeto previamente sacralizado para revelarlo. Se trata, en estos casos, de ritos mágicos de adivinación que suponen que dioses, planetas, espíritus exteriores a nosotros gobiernan nuestras vidas. Podríamos resumir este punto diciendo que ninguna religión está exenta de la dimensión mágica en la procura del bien personal o colectivo. Los ritos religiosos son públicos y colectivos, mientras que la dimensión mágica generalmente se oculta: el mago tiene una clientela y las relaciones entre el mago y su cliente son personales y secretas. No se llevan a cabo a la luz pública.

No entraremos aquí en detalles acerca de los diferentes ritos adivinatorios o de los ritos (o ensalmes) para limpiar el aura o para limpiar la casa o la oficina, o para proteger a los automóviles del robo. Las recetas y procedimientos se pueden encontrar en cualquier tienda esotérica o consultando a cualquiera de los profesionales de la magia. Nos interesa mostrar la función social de la magia: obviamente, si las religiones han sido tradicionalmente las encargadas de otorgar un sentido a la vida, si son las contenedoras de la angustia de muerte; si dotan, además, a sus adeptos, de una identidad y de una pauta que rige su vida y regula su cotidianidad (los sacramentos para los católicos, desde el bautismo hasta la extremaunción, y los Diez Mandamientos), si son instituciones sociales que refuerzan o cuestionan el poder establecido, también la magia, que se define como la parte práctica e individual de las religiones, tiene un papel social muy específico que cumplir.

De acuerdo con los estudios sobre magia, hechicería y brujería, la brujería toma a su cargo la desgracia y la violencia de los seres humanos[4]. Ya con esta definición se comprende que, en sociedades en las que la precariedad es el pan nuestro de cada día, en sociedades que, por esa misma precariedad, engendran la violencia, la brujería ocupe un lugar importante dentro de los sistemas religiosos y dentro del quehacer de los devotos de esa sociedad. Por otra parte, cuando las instituciones sociales no pueden contener la protesta social, la brujería es el dispositivo mágico-religioso que tiene la sociedad para encauzar y muchas veces contener esta protesta. Reveladora de conflictos y tensiones sociales, la hechicería revela también un conjunto de creencias paganas desaparecidas, agonizantes o sobrevivientes que impiden que ella aparezca como aberración, superstición o como una forma de resistencia arcaica, pues la hechicería siempre se halla presente como un recurso, como uno de los medios «efectivos» para contener o anular el mal en todos los tiempos.

Personajes del entorno social, el hechicero y el brujo son las dos figuras de la magia. Al primero le tocaría deshacer los males que, por

---

4   M. Augé, *Génie du paganisme*, p. 211.

envidia, provoca el segundo. Esta distinción entre *hechicero* (curande-ro, curioso) y *brujo* proviene de la Antropología británica: el hechicero adquiriría poderes mágicos por el conocimiento de fórmulas rituales, de plantas o de objetos. El segundo, el brujo (generalmente una mujer en África y en el Occidente cristiano medieval) tendría poderes sobre-naturales innatos, heredados, para causar el mal. La frontera que separa el poder del hechicero del poder del brujo es incierta y, por eso mismo, nos lleva a reflexionar sobre la propia noción de poder dentro de un sistema religioso. Así, por ejemplo, el hechicero o curandero no esca-pará del todo al miedo que inspira por el poder que tiene de atajar los daños del brujo: puede quedar la duda del momento en que empleará estos mismos poderes para causar daño a su vez. Se trata, en todo caso, de elucidar el acontecimiento desgraciado, especialmente si se trata de enfermedad y de muerte[5]. Precisemos, antes de continuar, que un acontecimiento funesto que se produzca en forma aislada no provoca la sospecha de brujería, pero su intensidad y, sobre todo, la repetición de ese acontecimiento suscitan y entretienen la voluntad de encontrar un responsable[6]. De aquí que las prácticas de brujería sean solidarias de la dimensión persecutoria del mal, pues en las religiones paganas se trata siempre de protegerse de una posible agresión de los espíritus o de las personas. La brujería es, entonces, una práctica fundamental de estas religiones pues, mediante ella, no solo se identifica a los agresores (sean espíritus o personas) para disminuir o anular los efectos nefastos de los ritos, sino que también se protegen las personas de las influencias nefastas de los dioses o de los seres humanos. En el lenguaje religioso venezolano se denomina «trabajo» al rito que se lleva a cabo para causar mal a otro. Y se denomina «contra» al ritual (a veces se trata de un objeto mágico como una estampa, un amuleto, un rezo) que deshace el mal y neutraliza al agresor. El «daño», es decir, el mal causado, es el resulta-do del «trabajo» del brujo o del objeto mágico «cargado» para tal fin.

---

5   M. Augé, op. cit., p. 255.
6   Ibídem, p. 227.

La noción de persecución también se halla en el catolicismo popular, en la medida en que los numerosos santos y santas, ánimas y ángeles pueden, como los dioses paganos, proteger o castigar. El politeísmo no se define solamente por la presencia de múltiples dioses sino también por el carácter ambivalente de sus dioses y espíritus y por la relación estrecha entre el devoto y la divinidad. Si se puede ser «hijo de santo» en la santería, también se puede tener un ángel protector en la religión (popular) católica, y poner a un santo de cabeza, o esconderlo, si no cumple con lo prometido. En el caso específico del incumplimiento de la promesa que se hace indistintamente a los santos, a las deidades de la santería y a las entidades de María Lionza, el incumplimiento genera culpa en los devotos y, al mismo tiempo, sirve de explicación para las desgracias, las enfermedades e incluso para la muerte. Solo en el caso, extraño por lo demás, dice G. Martin, de incumplimiento de una promesa, la culpa se vuelve relativamente hacia el interior de la persona; de resto, lo que se observa normalmente en todos estos sistemas religiosos es la poca interiorización de la culpabilidad[7]. En cuanto a las religiones evangélicas, hemos visto que, al no adorar a santos ni vírgenes, el perseguidor es solo uno: Satanás, el Enemigo de Dios.

Teniendo en cuenta las anteriores consideraciones, se entiende que, para la mayoría de los investigadores sobre las religiones, la noción de persecución impregna todo sistema religioso en cuanto que los fieles esperan la salvación, la gracia, el premio o el castigo que la divinidad puede o no conceder. La persecución se hace evidente en las rivalidades y recelos que mantienen los dirigentes de estos cultos y religiones. Veremos a lo largo de este trabajo cómo los evangélicos satanizan y persiguen a los devotos de otras religiones del país. Y veremos también cómo los dirigentes del culto de María Lionza y de la santería se acusan mutuamente de practicar la hechicería y estafar a la gente. Hay que pagar al hechicero por sus servicios, sin regatear el precio, para que sus trabajos tengan valor. Mediante este pago, además, el mago se libera de la responsabilidad de sus actos maléficos.

---

7   G. Martin, op. cit., p. 44

De acuerdo con Jacqueline Clarac, la noción de persecución está presente en todos los niveles del país[8], y está ligada particularmente a la enfermedad física y mental. Gustavo Martin es tambіén muy claro cuando señala que «el Mal es proyectado hacia el exterior, hacia la sociedad, es allí donde hay que buscar las causas de la enfermedad: *se transfiere la maldad a los espíritus, los dioses o los santos o hacia otras personas*»[9]. La concepción de la enfermedad como castigo es, así, una consecuencia de la dimensión persecutoria del mal: los dioses castigan enviando enfermedades, pestes, desgracias, sobre sus fieles, y la enfermedad misma y su consecuencia más funesta, la muerte, aparecen no como un estado natural, fisiológico y psíquico, sino como una intervención mágica. Por eso, Clarac nos dice que, para los creyentes de estas religiones, hay un tipo de enfermedad que ocurre por las faltas cometidas, cuando no se cumple debidamente con el patrón cultural de comportamiento que rige las relaciones en la comunidad[10], y Martin subraya que la idea de enfermedad en Barlovento, ligada a la idea de pecado o de contaminación, expresa relaciones sociales conflictivas provocadas por el incumplimiento de las normas establecidas por el grupo. Precisamente, el concepto de «enfermedades puestas» que se opone al de «enfermedades naturales» hace referencia directa a la acción hostil de los demás. Una «enfermedad puesta» solo la cura un especialista en la magia, porque tiene que ver con fuerzas, dioses o espíritus invocados para causarla. Para el creyente, la causa de estas enfermedades no es biológica ni fisiológica, como lo es en el caso de la «enfermedad natural».

La enfermedad, un suceso tan cotidiano y, a la vez, tan traumático en la vida de todos nosotros por su estrecha relación con la muerte, se encuentra en el centro de casi todos los sistemas de la religiosidad de masas, como diría Max Weber. La curación, vecina de la salvación, constituye el centro de las religiones populares. Precisamente, la observación de los rituales de María Lionza le permitió a Clarac definir esta

---

8   J. Clarac, *La enfermedad como lenguaje en Venezuela*, p. 425.
9   G. Martin, op. cit., p. 44. Cursivas nuestras.
10 J. Clarac, op. cit., pp. 425-430.

devoción como una religión en la que el cuerpo del devoto ocupa el lugar central; este cuerpo sufriente que exige que la práctica religiosa se ocupe de él convirtió a la religión de María Lionza en un poderoso recurso «terapéutico» para detener o aliviar los males psíquicos y físicos que afectan a los devotos que no disponen de los medios necesarios para enfrentarlos. Lo mismo podríamos decir de la santería y más aún del vodú por las miserables condiciones de Haití. No dejaremos de reconocer, sin embargo, que la religión es, ante todo, un religar con lo sagrado mediante un conjunto de creencias, ritos y normas de comportamiento, en la búsqueda de un sentido último y trascendente a la existencia[11], pero tampoco dejaremos de reconocer que las «ceremonias de carácter religioso o mágico deben realizarse para que te vaya bien y vivas largo tiempo en la tierra»[12].

En algunos países del África Occidental, la noción de persecución ha sido objeto de la mayor atención: los estudiosos han demostrado que la transformación, modificación o superación de esta noción en los individuos resulta necesaria para acceder a una posición asertiva en el mundo, y para adquirir el grado de responsabilidad que se requiere para las transformaciones urgentes que necesitan los pueblos menos desarrollados. Que la concepción del mal es persecutoria, no nos cansaremos de decirlo, quiere decir que se busca el origen de una desgracia en la voluntad de otra persona y que, en última instancia, desde el punto de vista del enfermo o de la víctima, la causa eficiente del mal es siempre exterior. Marie Cécile y Edmond Ortigues habían constatado, ya desde 1966, la ausencia de delirios melancólicos y de autoacusaciones en psiquiatría africana. Sus investigaciones recogidas en el libro *Oedipe Africain* se resumen en una conclusión que atañe, tanto a los individuos como a las sociedades tradicionales, cuando afirman

---

11   Llamo «religión» al sistema de creencias, de ritos, de formas de organización y de normas éticas por medio de los que los miembros de una sociedad tratan de comunicarse con los seres divinos o sus intermediarios y de encontrar un sentido último y trascendente a la existencia. Manuel M. Marzal, «sincretismos religiosos latinoamericanos», p. 57.

12   M. Weber, *Sociología de la religión*, p. 65. La cita de Weber es del *Deuteronomio, 4,40.*

que «el paso de una cultura tradicional a un cultura moderna implica una transformación de la conciencia del mal»[13].

Los especialistas de la salud, trabajadores sociales, psicólogos y, sobre todo, psicoanalistas africanos, tienen muy presente esta noción de persecución a la hora de atender enfermedades mentales y conflictos familiares: se trata, en todo caso, de hacer surgir la conciencia de la responsabilidad en los individuos que se sienten perseguidos y que, por tanto, acusan permanentemente a los otros de sus propios males. Sidi Askofaré, psicoanalista africano, nos habla de lo que esconde este lenguaje cultural de la persecución, a través del análisis de Binta, una paciente senegalesa:

> El diagnóstico, el pronóstico y la terapéutica están modificados o influidos por el saber que el psiquiatra y su equipo tienen de la cultura Wolof y de la sociología de Dakar (Senegal).
>
> (…) La etiología de la enfermedad mental depende siempre, en la cultura del paciente, de una agresión que viene del exterior. Esta es la estructura de base de los sistemas de representación de la enfermedad mental en África. La causa es siempre exterior al sujeto.
>
> (...) La interpretación persecutoria es la norma, es decir, todo sujeto que se ha constituido en esa cultura tiene una tendencia automática: apenas siente algún mal, ha de atribuirlo a una causalidad externa, a la voluntad de otro. A partir del momento en que la interpretación persecutoria es la norma, podemos decir que no es extraño encontrar que allí donde algunos buscarían una causalidad interna al sujeto, atribuyendo el origen de los síntomas a conflictos psíquicos internos, Binta y su madre buscan y encuentran un agresor en el exterior[14].

En tanto que esta concepción persecutoria del mal engendra sufrimiento en los individuos y amenaza y atenta contra los vínculos

---

13   M. Augé, op cit., p. 73.

14   S. Askofaré, «Enfermedad mental y figuras del mal en África negra», p. 75.

sociales produciendo discordia, mal entendimiento, hostilidad, odio y división, e incluso interpreta los fenómenos naturales como una voluntad de castigo o de venganza de las deidades, hay que lograr «la asunción personal de la enfermedad y de los conflictos» siempre en el marco de este «respeto por la historia». Para Askofaré, la asunción de la responsabilidad, pues de esto se trata, está lejos de ser lograda y constituye, según sus propias palabras, un ideal. No obstante, insiste:

> Está fuera de duda que todo individuo está afectado por su inconsciente y que la alienación es el precio para entrar en la cultura. Mas la tarea de todos es que lo político prevalezca sobre lo mitológico, lo mágico y lo religioso[15].

Revisando el libro *La enfermedad como lenguaje en Venezuela*, cuya primera edición apareció en 1992, se pueden extraer las siguientes observaciones sobre el comportamiento religioso de los venezolanos: mientras las cosas vayan bien, se impone un razonamiento y una actitud desacralizada, profana, de los hechos. Pero cuando empiezan a surgir las dificultades, ya no se interpretan racionalmente, sino que se interpretan como una intervención maléfica, tanto de espíritus como de enemigos, colegas, amigos, e incluso familiares. Así mismo, un poco de suerte parece normal y se acepta, pero si continúa, si las cosas van muy bien, se interpreta que la persona afortunada ha conseguido esa suerte por magia, es decir, por protección y ayuda de algún espíritu[16]. Pero la noción de persecución, en la mentalidad de los venezolanos, no se ubica solo en la esfera religiosa, sino que impregna las relaciones sociales, como ya dijimos, manifestándose en una tendencia generalizada a echarle la culpa al otro y eludir las responsabilidades; para Clarac, esta noción no solo genera actitudes irresponsables en los venezolanos sino que:

---

15   S. Askofaré, op. cit., p. 83.
16   J. Clarac, op cit., p. 375.

aumenta el paternalismo del Estado en Venezuela cuya política (que es también la de la izquierda, a menudo) es volver al hombre venezolano totalmente dependiente del Estado para su bienestar; es decir, hacer de él un mendigo, un hombre incapaz de tomar decisiones y de resolver personalmente o en grupo sus problemas. Esto ya se ha hecho con numerosas comunidades indígenas del país, se está empezando a hacer con los campesinos, y ya se ha contaminado a la mayoría de ciudadanos urbanos.

Esto se refuerza también en la ciudad a través de los centros espiritistas, terapéuticos, de María Lionza y otros: los pacientes de dichos centros, que pertenecen a distintos niveles socioeconómicos (campesinos en contacto con la ciudad o ya emigrados a ella, pequeños y grandes comerciantes, estudiantes de secundaria y de universidad, enfermeras, profesores, médicos, jueces, policías, hacendados, etc.) ven reforzadas en ellos la externalidad y la noción de persecución. En efecto, en estos centros todos los males o desgracias que afectan a los pacientes, sean físicos, psíquicos, económicos son siempre atribuidos a perseguidores[17].

Vivir en la dimensión persecutoria del mal tiene una consecuencia que ningún investigador niega: los individuos no se sienten culpables sino perseguidos, y por lo tanto, no se sienten responsables de sus actos. Que las relaciones entre los miembros de una sociedad se expresen por la dimensión persecutoria significa que cada uno de nosotros se siente perseguido por los demás. Perseguidos y vigilados, porque el fin de esta dimensión persecutoria de las relaciones sociales es mantenernos presentes los unos a los otros; mantener, por paradójico que suene, los vínculos entre nosotros. En una dimensión así, teóricamente, nadie puede olvidarse del otro, todos nos mantenemos pendientes, pues puede haber alguien que quiera hacernos un daño, una mala jugada o «echarnos una vaina». En un contexto semejante, la hostilidad es una

---

17   J. Clarac, op. cit., pp. 428-429. Es conveniente recordar que la primera edición del libro *La enfermedad como lenguaje en Venezuela* es de 1992. La actualidad de la cita es contundente.

forma natural y aceptada del comportamiento, y debajo de la aparente «echadera de broma», la simpatía o la exagerada amabilidad, hay un alerta, un estar en guardia permanentes. En una sociedad así, la desconfianza es la moneda con la que nos relacionamos: a la defensiva, por si acaso. Por otra parte, y quizás sea lo más grave a la hora de establecer responsabilidades: las sociedades que regulan sus relaciones mediante la dimensión persecutoria son sociedades en las que se trata no tanto de solucionar los conflictos como de encontrar un culpable.

Abrumados por la incertidumbre, por la inseguridad que se ha generado en el país, impotentes ante los numerosos problemas que cotidianamente debemos enfrentar, los venezolanos expulsamos «lo malo» fuera de cada uno de nosotros, hacia el otro, el vecino, el compañero de trabajo, incluso hacia el amigo o el familiar diferente y, de una manera más acorde con la polarización política que estamos viviendo, hacia el otro bando, sea de los chavistas o de los opositores al régimen. Pero una gran mayoría de nosotros no se contenta con expulsar el mal hacia el otro diferente, sino que va más allá de las personas y remite su «mala suerte» a la fatalidad, a la voluntad de Dios, a las pruebas del Señor: los centros mágicos se llenan y proliferan en todas las ciudades del país, y los brujos, videntes, magos, médiums, astrólogos, bancos, babalaos y adivinos no dejan de multiplicarse en las épocas de crisis.

Por último, y para cerrar el punto, señalamos que algunos investigadores han relacionado la dimensión persecutoria con la creencia en el poder de la envidia. Dentro las creencias populares, no solo de Venezuela y de Latinoamérica, sino de buena parte del mundo mágico-religioso occidental, la envidia no se considera un «pecado capital», sino una fuerza poderosa, tan poderosa que es capaz de dañar a las personas o a los objetos envidiados. De allí que la envidia, que se vehicula primordialmente por la mirada, suscite temor porque las desgracias se relacionan con ella. En la concepción popular, el «mal de ojo» es un poder que todos temen: la envidia, nos dice Clarac, no es un pecado capital sino la causa del mal;

la envidia es «una maldad con poder»[18]. Otros investigadores como N. García Gavidia también se han referido a esta relación:

> La causa del mal es el hombre, pero no en sentido general, (sino en sentido restrictivo): «los otros» aquellos con quienes en algunas circunstancias se ha entrado en contacto, en relación. «Los otros» son personas envidiosas o simplemente «mal intencionadas», «vengativas», «rencorosas» que están dispuestas a valerse de cualquier medio para hacer daño[19].

La relación entre envidia y resentimiento palpita en la cita anterior, y el resentimiento mismo, que se basa en un profundo sentimiento de injusticia alimentado por la repetición del mal, y que clama por una reparación, es la raíz de las religiones de salvación que pregonan paraísos en una vida futura, aquí o en el más allá. Se entiende, entonces, que una sociedad regulada por las relaciones persecutorias es una sociedad donde cada quien vigila al otro y sospecha de una posible mala intención. La desconfianza, como decíamos, disimulada bajo una excesiva camaradería, elogios y simpatías, puede ser un recurso para disminuir o alejar cualquier predisposición de los otros en contra nuestra.

---

18   J. Clarac, op. cit., pp. 450-451.
19   N. García Gavidia, *Posesión y ambivalencia en el culto de María Lionza*, p. 63.

II. IMAGINARIOS RELIGIOSOS VENEZOLANOS

La relevancia del discurso antropológico sobre lo religioso que se ha venido construyendo en el país a partir de los años setenta está fuera de duda: se trata de un discurso sostenido, rigurosamente elaborado, que sorprende por su consistencia y por la agudeza de sus análisis sobre la sociedad venezolana. Este discurso revela, sin ambages, cuánto se ha desatendido y excluido a la mayoría de la población, y revela también la influencia que esa desatención y exclusión han tenido en la expansión de la religiosidad popular, sobre todo en el caso de la religión de María Lionza. Cuando las instituciones sociales y los gobernantes no ofrecen respuestas a los problemas y a las frustraciones personales de los grupos sociales desfavorecidos, los espíritus hablan por ellos, como lo revelan las investigaciones de Yolanda Salas. Si el Estado condena a gran parte de sus ciudadanos a la indigencia, si los sucesivos gobiernos han excluido o son indiferentes a la salud y bienestar de la mayoría de los venezolanos, los venezolanos, hombres y mujeres, buscan a los dioses para obtener ayuda y protección. Si no hay seguridad en las calles, si el desorden pulula y la amenaza de disolución es constante, lo sobrenatural ocupa cada vez más espacio y empaña la realidad.

Hemos podido constatar que los antropólogos que hemos revisado para este trabajo no han dejado de incluir a la religión dentro del contexto más amplio de la sociedad. No podía ser de otro modo: como fenómeno social que es, la religiosidad no puede desvincularse de las condiciones del país. Tanto Gustavo Martin, Jacqueline Clarac, Alfredo Chacón, Angelina Pollak-Eltz, como, más recientemente, Nelly

García Gavidia, Yolanda Salas y Daysi Barreto, por citar los nombres más importantes en este campo, no se conforman con la descripción e interpretación de mitos y rituales, con la descripción de las formas que toma la religiosidad en las diversas regiones estudiadas y en las diferentes clases sociales, sino que fundamentalmente tratan de dar una visión social de las creencias y de los grupos que participan en ellas. Si queremos entender las relaciones que se tejen entre las condiciones materiales de la vida, la aspiraciones de los distintos grupos que conforman la sociedad venezolana, la visión del futuro y la política, no podemos dejar de lado a la religiosidad y al discurso que se ha elaborado sobre esta religiosidad.

El discurso de la antropología venezolana sobre la religiosidad muestra que estamos ante una sociedad creyente y religiosa, que se ha servido, como todas las sociedades nacidas del colonialismo, de la religión católica, en los primeros tiempos de la conquista y colonización, para expresar, conservar y transformar sus propias creencias. Los creyentes son ciudadanos, y las creencias religiosas constituyen un dato sociológico que entra en la conformación de los valores, en la representación social del individuo y de la sociedad, en la construcción de los imaginarios y de las mentalidades, en fin de cuentas. La importancia que el discurso religioso ha tomado en la actualidad: los fundamentalismos, los *revivals*, las guerras inspiradas en la religión, las alianzas entre el poder político y el poder religioso, que amenazan con reencantar al mundo y poner en peligro la supremacía de los derechos humanos; el renacimiento de utopías del Estado con el florecimiento de mitologías totalitarias, la utilización de la dimensión persecutoria del mal para atemorizar y someter a las sociedades, el valor del resentimiento social que alimenta los movimientos mesiánicos y de salvación no puede dejarnos indiferentes; mucho menos ahora, cuando el discurso político actual se tiñe de alusiones religiosas, a veces en forma demasiado explícita, que justifican acciones violentas contra los fieles o los lugares de culto y contra las instituciones y los ciudadanos todos.

Frente a esta religiosidad que impregna peligrosamente la dimensión política del país, nosotros nos situamos ante la cotidianidad de los hombres y mujeres que viven aquí. Los que se han beneficiado en los últimos años con la Revolución Bolivariana temen perder lo que tienen. Los otros, que no se benefician, también temen –por las confiscaciones y expropiaciones, y por las amenazas constantes del gobierno– perder lo que tienen. Así pues, independientemente del lugar en que nos coloquemos en esta polarización dirigida, hay, indudablemente, un temor a perder. Temor que se refuerza con la crisis mundial, con los problemas diarios que afectan particularmente al país, como son la inseguridad, la carestía de los alimentos, la inflación, el deterioro de las instituciones, la violencia… Una sociedad que tiene miedo cree, invoca, reza, pide a Dios, a los santos, a los espíritus: las vírgenes salen en procesión en una marcha; en la Plaza Altamira, las vírgenes son decapitadas y profanadas; el Presidente denuncia que le están haciendo vodú en Miraflores, los brujos hacen «trabajos» frente a Globovisión, las iglesias son profanadas, se reza el rosario en los condominios de las urbanizaciones, la Nunciatura apostólica es atacada, las predicciones de los babalaos salen en los periódicos, la cabeza de Cristóbal Colón rueda en ofrenda a los pies del Presidente, la Sinagoga de Maripérez fue profanada y en febrero del año 2010, la presidencia de Edelca convoca a los empleados a un «clamor a Dios por el sector eléctrico nacional»…

Por todo lo anterior, el pensamiento mágico que señorea en todas las actividades y en nuestra visión del futuro necesita ser comprendido y confrontado. El valor concedido a la suerte –que nubla la realidad y descalifica al trabajo–, el fatalismo soterrado, el considerar cualquier dificultad o tropiezo como castigo o como una prueba del Señor o de los dioses, deben ser reconocidos como elementos de una personalidad que juega un papel a la hora de evaluar nuestras posibilidades como sociedad. *Doy para que me des*, la fórmula que regula los intercambios entre los mortales y las divinidades, aún rige las sociedades actuales de todo el planeta. *Doy para que me des*, pero también podría ser «doy para que no me quites», pues también se pide para la conservación del bienestar, para que lo bueno no cambie y me siga yendo bien.

Visto desde los creyentes, desde la vida cotidiana de los creyentes, el mundo de las creencias, de la magia y de la religiosidad no es fácil de ceñir. Un mundo a veces inasible que puede escapar a todo intento de síntesis y a toda racionalidad, porque si algo tiene el imaginario religioso es su prodigiosa inventiva, su inclinación a relacionar cosas que no concuerdan y su insistencia en postular otras que no existen. Todo cabe en el imaginario religioso porque, en rigor, para el creyente todo es cuestión de fe, y cada quien considera su religión como la verdadera. Pero saber de la fe, comprender una devoción religiosa, puede ser una tarea más llevadera si se parte del creyente y no de la devoción misma. Más allá de la fe del devoto, el estudioso de las religiones[20] busca las constantes que reaparecen en las diversas formas religiosas, los elementos y las categorías que las constituyen y los ritos y las prácticas que las definen. Desechados los conceptos de lo verdadero y de lo falso, cada religión y cada creyente se ancla en la realidad del mundo para religar con otra dimensión, no menos real: la imaginativa, la simbólica y bien podríamos decir, la mística, que construye un mundo paralelo, tan evanescente y tan firme como este en que vivimos. El anclaje en lo real es lo que permite conocer la sociedad que inventa y practica una determinada forma religiosa. La religión, como cualquiera de las otras actividades de los seres humanos, es también un espejo de la realidad, su espejo místico, su reflejo en un *más allá* de dioses y espíritus todopoderosos e inmortales que nos refleja a su vez y nos muestra nuestras carencias, nuestros deseos y nuestras ilusiones.

La dimensión religiosa de una sociedad es algo que difícilmente se nos escapa: aparece en los templos y las iglesias de la ciudad, en la

---

20 Llamo *religión* al sistema de creencias y de prácticas relativas a las cosas sagradas (que comprende: un panteón de dioses, mitos y dogmas, ritos y ceremonias, un cuerpo sacerdotal, calendario litúrgico y lugares del culto, reunidas en una misma comunidad de fieles llamada *iglesia*). Las religiones son instituciones sociales sometidas a la historia. Llamo *religiosidad* a la forma o manera como se vive cotidianamente la religión. El estudio de esta religiosidad comprende el comportamiento de los diversos grupos sociales y de los individuos que profesan una determinada religión. Reservo el nombre de *lo religioso* para la categoría que incluye a la religión y a la religiosidad.

vestimenta y en los atuendos de la gente, en los programas de la radio y de la televisión dedicados a los fieles o a reclutar miembros nuevos, en las tiendas y comercios que se dedican a la venta de objetos religiosos, en las librerías, especializadas o no, en libros de devoción y de estudio sobre lo sagrado, y sobre todo, en las fiestas religiosas conmemorativas, cuando el sentimiento religioso se expresa colectivamente, como sucede en una procesión o en una peregrinación. También el lenguaje y la gestualidad nos permiten identificar rápidamente la condición religiosa de una persona. Refiriéndonos a nuestro país, podemos decir que la expresividad de la mayoría de la población venezolana en materia religiosa es notoria, sobre todo en los momentos actuales.

Años de dedicación al estudio de lo religioso nos han llevado a la conclusión de que en el Caribe resulta difícil ser ateo: la herencia religiosa indígena, española y africana, el gusto por lo colectivo, el mimetismo, las secuelas del colonialismo con su visión fatalista del mundo, el miedo al aislamiento y a la soledad, propician formas de relación que promueven la aparición de una religiosidad que se transmite generalmente por vía oral. Además, a lo largo de la historia, los estudiosos de las religiones han subrayado, en mayor o menor grado, la relación de las condiciones socioeconómicas desfavorables, el aumento de la pobreza, las enormes brechas sociales, las tiranías políticas que someten al individuo, con la aparición o el mantenimiento de la dependencia de un poder que compense el sufrimiento la vida diaria e incluso provoque la ruptura de una condición de vida penosa e inaceptable. De aquí que el estudio de lo religioso en una determinada sociedad nos informa y nos confronta con las realidades más precarias y más urgentes de esa sociedad. Hemos citado en páginas anteriores a Max Weber en su clásico estudio sobre la religión que comienza diciendo que «La acción movida por motivos mágicos o religiosos se orienta hacia este mundo. Las ceremonias de carácter religioso o mágico deben realizarse *para que te vaya bien y vivas largo tiempo en la tierra*»[21]. Si hemos

---

21   M.Weber. op cit., p. 65. La cita de Weber es del *Deuteronomio*, 4,40.

hablado de pobreza y desesperanza, también es cierto que las clases favorecidas tampoco pueden prescindir de la religión. La historia nos ilustra acerca de la necesidad de estas clases favorecidas de acudir a la religión para legitimar su condición social: los privilegiados también rezan para que les siga yendo bien.

Pero más allá de las realidades concretas y cotidianas, la religión es algo más que pedirle a Dios, a los santos o a los espíritus para que nos vaya bien. La precariedad de la condición humana, el sufrimiento que nos amenaza a lo largo de nuestra vida, el abismo que se abre ante todo ser humano, promueven esa búsqueda de trascendencia, ese anhelo de un dios en el que alcancemos la quietud y justifiquemos lo incomprensible.

Los antropólogos que se dedicaron al estudio de las religiones y creencias venezolanas nos ofrecen un corpus de conocimientos sobre la realidad que estudiaron, bien sea el culto de María Lionza, las creencias de Barlovento o las iglesias evangélicas. Leyendo la bibliografía sobre la religiosidad en Venezuela oímos la voz de sus espíritus y de sus deidades y nos enteramos de la vida religiosa que cotidianamente practican sus habitantes. Que los venezolanos son creyentes es una primera conclusión que se extrae de esta lectura. Esta conclusión, por cierto, contradice una opinión generalizada que pregona que los venezolanos no son tan religiosos en comparación –agregan los que sostienen esta hipótesis–, con otros países como Colombia, México y Perú que, por haber sido virreinatos, tuvieron una presencia e influencia mucho más consistente y tenaz de la religión católica. Veremos cómo esta hipótesis es difícil de sostener, y más ahora, en la actualidad, cuando las religiones populares parecen tener un nuevo aliento y el número de iglesias evangélicas crece cada día en nuestro país.

Al revisar la bibliografía sobre religiones y religiosidad en Venezuela podemos decir que ella se orienta, principalmente, hacia cuatro grandes líneas de investigación:

1. Los estudios sobre la implantación, consolidación, participación e influencia de la Iglesia católica en el país.

2. Las publicaciones que se refieren a las creencias de los campesinos venezolanos y de las clases populares[22] en las que confluyen elementos de la cultura hispánica y de las culturas indígenas y africanas que podemos englobar dentro del concepto de «catolicismo popular».

3. Las investigaciones sobre el llamado culto de María Lionza, considerada, hoy día, una religión principalmente urbana por la mayoría de los antropólogos.

4. Las publicaciones sobre las religiones indígenas hechas, sobre todo, por lingüistas, antropólogos y arqueólogos indigenistas.

Haciendo un recuento del contenido de estas cuatro líneas de investigación, podemos señalar lo siguiente:

- La bibliografía sobre la presencia y actuación de la Iglesia católica en Venezuela ha sido realizada, fundamentalmente, por historiadores, laicos y religiosos, que han registrado no solo la historia propiamente dicha de la institución, sino también la de sus relaciones con el poder político, y su proyección en el país, como religión oficial del Estado venezolano.

- A partir de los años cuarenta del siglo XX, hubo una labor notable de recopilación de las creencias populares realizada por el Instituto de Folklore y publicada en los *Archivos Venezolanos de Folklore*, en el *Boletín del Instituto de Folklore* y en la *Revista Venezolana de Folklore* que dieron a conocer las tradiciones culturales y religiosas de la mayor parte del país: las fiestas, los cultos, las devociones, y muchas creencias hoy desaparecidas.

---

22   Los investigadores usan los términos «campesinos venezolanos» y «clases populares» de manera precisa: campesino es el que trabaja la tierra y vive en el campo, por oposición al citadino. A la clase popular pertenecen todos aquellos grupos de menores recursos que habitan en las ciudades.

Este material, que reunió importantes grabaciones (y no pocas filmaciones) de la cultura popular venezolana, constituyó un incentivo importante para el estudio de la religiosidad en los años venideros.

- Las investigaciones sobre la religión de María Lionza señalan su lenta conformación y difusión a partir de la explosión petrolera, en los años cuarenta-cincuenta. De un culto indígena a las serpientes, se ofrece hoy como una religión cuya capacidad de aglutinar y reunir diversas tradiciones, enfoques y creencias ha sido reiteradamente señalada por los investigadores. La plasticidad del culto, su carácter pagano, que le permite incluir a los dioses y personajes históricos propios y foráneos, el valor central que confiere a la enfermedad, hacen de María Lionza una religión abierta a las necesidades de los creyentes que se ha ido adaptando a los retos de la modernidad.

- Por último, las religiones indígenas conforman un cuerpo aparte, en cuanto que el trabajo de los lingüistas se revela de la mayor importancia para la recopilación e interpretación de los mitos y visiones del mundo de los indígenas que viven en el país, en La Goajira, en los estados Amazonas y Delta Amacuro, fundamentalmente, donde se hablan lenguas indígenas diferentes. Podemos decir que, en los actuales momentos, poseemos un corpus casi completo de las religiones de los diferentes grupos indígenas del país: sus mitos, sus ritos, plegarias e invocaciones.

En cuanto a nuestro trabajo, partimos del supuesto de que la mayoría de los venezolanos se confiesan católicos[23], aunque todos no sean practicantes, y señalamos, de entrada, que el catolicismo tiene una

---

23   Para el estudio de la implantación y conformación de la religión católica en el país remitimos al lector a la extensa bibliografía que existe sobre el tema, especialmente al artículo de Ignacio Castillo Sosa, «Religiones históricas en el espacio geográfico venezolano», pp. 270-319.

forma peculiar de expresarse en la vida diaria de los venezolanos: menos ortodoxa tal vez y más privada, orientada fundamentalmente, a legitimar los momentos importantes de la vida familiar (bautizo, primera comunión, matrimonio, funeral), sobre todo para las clases medias y altas, y más heterodoxa, permeable y versátil en lo que se denomina «catolicismo popular». Como veremos a lo largo del trabajo, de manera general, la religiosidad del venezolano no es homogénea, sino que se presenta como un mosaico de creencias y religiones que conviven en el territorio (y nos atreveríamos a decir que conviven también dentro una misma persona) intercambiando ritos y santos. Los venezolanos son creyentes en su gran mayoría, pero puede que no sean tan católicos ni tan laicos como se pretende. Hay un modo de vivir la religiosidad en la vida cotidiana que no se corresponde con lo que dicta, prescribe o aconseja la institución religiosa. El rechazo a la institucionalidad religiosa, particularmente al clero, es decir a la clase sacerdotal de la Iglesia católica (los venezolanos no son «cureros», se oye decir comúnmente) es lo que ha llevado a algunos estudiosos a subrayar el carácter anticlerical de los venezolanos y de allí a generalizar sobre el carácter laico de la sociedad[24]: los historiadores, particularmente, observaron el rechazo o la no adhesión a la enseñanza de la religión católica, sobre todo en las clases populares, desde los tiempos coloniales; tomaron nota de este anticlericalismo, pero no se detuvieron a considerar las otras vías y formas utilizadas por estas clases populares para expresar sus sentimientos religiosos.

Aunque en Venezuela hay libertad de cultos y a partir de la Constitución de 1999 no hay religión oficial, nos seguimos rigiendo, en cuanto a fiestas y tradiciones religiosas, por el calendario cristiano. Oficios, preceptos, ritos, mandamientos, lugares del culto, doctrina y

---

24 Aprovechamos para señalar que no hay que confundir el «catolicismo de fachada» que pueden mostrar algunos sectores de la sociedad venezolana, y que estudiaremos más adelante, con el anticlericalismo que se ha señalado a lo largo de los estudios de historia venezolana. Para el antropólogo Gustavo Martin, el anticlericalismo es uno de los rasgos de la religiosidad popular, un rasgo tan marcado que lo lleva a afirmar que si José Gregorio Hernández hubiera sido clérigo, como era su deseo, no hubiera alcanzado el carácter de santo que tiene en la actualidad. G. Martin, *Magia y religión en la Venezuela Contemporánea*, p. 258.

calendario católicos son conocidos de todos los venezolanos; fechas como el Carnaval, Semana Santa, Corpus Christi, Navidad, son compartidas también por todos. Gran parte de la población conoce los rituales católicos, va a misa, se confiesa y comulga, y reza el avemaría, el padrenuestro y el credo en las ocasiones en que es costumbre, en los oficios religiosos y en la vida cotidiana. Hay, sin embargo, un aspecto que se ha separado, de manera a veces notoria, de la tradición católica venezolana y es la escogencia de los nombres de las personas. En las clases populares, la elección del nombre no se rige, como antes, por el santoral católico, sino por combinaciones de nombres de los padres, o de los familiares. A veces, se escoge un nombre traducido de otro idioma, generalmente del inglés, o se inventa un nombre, lo que rompe con la tradición de adjudicar el nombre del santo del día al recién nacido, y rompe también con la trasmisión de los nombres familiares en la cadena de las generaciones.

Además, en los últimos tiempos, debido al carácter privado que ha ido adquiriendo la religión, es posible afirmar que los venezolanos son, hoy día, más católicos en sus casas que fuera de ellas. La mayoría de la gente puede no asistir a los oficios religiosos, no confesarse ni comulgar, pero reza en los momentos penosos o difíciles de su vida y hace promesas para salir de una enfermedad, tanto propia como de un familiar. Se pueden observar todavía altares de santos católicos en las casas y apartamentos, o una pequeña repisa con uno o más santos «alumbrados», como si hubiera una separación entre el recinto oficial consagrado que es la iglesia y el altar privado (y hasta personal) en la casa o apartamento, del que se ocupa un miembro de la familia, generalmente una mujer mayor. En la iglesia están Dios, la Virgen María y los santos importantes, y está el cura: en la casa mantengo *mi* altar con *mis* santos y les hablo y les converso y ellos me oyen. Para el creyente, para el devoto, para los hombres y mujeres que viven cotidianamente su religiosidad, esta forma parte de una cultura heredada, familiar, que, generalmente, no se cuestiona y en la que los elementos, las mezclas, las síntesis y los sincretismos no cuentan a la hora de la fe y de rezarle a un santo. Lo que cuenta es el santo y, a la hora de la verdad, la devoción particular a un santo resulta más importante que el sistema religioso al que pertenece el santo. ¿A quién le rezas tú?, sería la pregunta que deberíamos hacer para conocer la devoción de nuestros semejantes. Resolver un problema, curarse de una dolencia, aliviar el sufrimiento, consolarse de una pérdida, son tareas inmediatas de lo religioso, y el creyente escoge del santoral católico el santo de su conveniencia o el que la tradición familiar venera para esos fines. Así, la devoción religiosa puede ser más sincera en privado, en la plegaria secreta, en la promesa que se hace sin despegar los labios, en la confianza y en la fidelidad al santo de cada quien. Pero como las iglesias son los lugares del culto de la religión católica, recintos sagrados donde Dios y los santos están presentes, hay una tradición de devoción a ciertos santos en diferentes iglesias de la capital. Tienen fama de proteger a los fieles y son invocados para solucionar problemas específicos, de salud o de familia. En el templo de san Francisco está la imagen de san Onofre, alumbrada con centenares de velitas. En la iglesia de Petare, san Martín de Porras tiene su altarcito, y en La Pastora, san Judas Tadeo recibe la devoción de sus fieles. Delante de las estatuas de los santos de casi todas las iglesias del país siempre hay velas prendidas y placas de mármol o de metal en la pared que agradecen al santo por el favor recibido[25].

Si bien la privacidad de la religión es un hecho de nuestro tiempo, no podemos negar que la religión católica sigue teniendo la función, para buena parte de la clase media y de la clase alta, de legitimar su modelo de vida y su posición ante el mundo, tal como lo afirmara Max Weber cuando analizaba la función que la religión tenía para las clases burguesas, en comparación con la función que desempeñan las religiones de salvación para las clases menos favorecidas. Bautizos, matrimonios, primeras comuniones, entierros y velorios siguen siendo ritos obligados, muchas veces fastuosos, en los que las clases más acomodadas ritualizan su posición ante el mundo y se afirman y se

---

25   A. Pollak-Eltz, *La religiosidad popular en Venezuela*, pp. 34-35.

reconocen como miembros de un determinado estrato social. Se trata, como dirían los sociólogos, de representaciones sociales que legitiman una pertenencia y un modo de vida más que de devociones religiosas propiamente dichas. Hay un momento estelar, sin embargo, de la religiosidad colectiva en Venezuela, que agrupa a todas las clases sociales de una región, exaltando los sentimientos de identidad y de regocijo en los creyentes. Este momento, que se caracteriza por el entusiasmo religioso, sucede durante las fiestas y procesiones de las diferentes vírgenes venezolanas: la Divina Pastora en Barquisimeto, la Virgen de la Chiquinquirá en el Zulia, la Virgen del Valle en Margarita y oriente y la Virgen de Coromoto, patrona de Venezuela, que parece perder popularidad frente a la fe que cada una de estas vírgenes despierta. Mucha gente se desplaza y viaja para asistir a la fiesta, la ciudad se desborda y la devoción llega a su máximo entusiasmo cuando la Virgen, bella y engalanada, comienza su recorrido por las calles de la ciudad[26]. Otro momento estelar, esta vez, de la sociedad caraqueña, sucede cuando el Nazareno de san Pablo, el miércoles santo, sale en procesión por los alrededores de la iglesia de santa Teresa, y el centro de Caracas se viste de morado con sus nazarenos de todas las edades.

Dependiendo del alcance que se le dé al concepto de catolicismo popular, pueden incluirse en él, no solo los cultos populares a las vírgenes venezolanas y al Nazareno de san Pablo, sino también la devoción a numerosos santos como el Padre Claret, la Virgen del Carmen y otros, no tan ortodoxos como san Alejo, san Millán, las ánimas benditas; san Jorge, la Virgen de la Candelaria, santa Bárbara. No es posible olvidar, en esta enumeración, a José Gregorio Hernández, el santo venezolano de mayor popularidad en nuestro país; san Juan, san Benito, cuyas devociones arrancan con la institución colonial de la cofradía religiosa, muy venerados en sus regiones, el primero en Barlovento y en la costa central venezolana y el segundo en el occidente del país y muy

---

26   Para una comprensión de las diferentes advocaciones de la Virgen María en el país, véase M. M. Suárez, «Ámbitos regionales: geosímbolos religiosos».

particularmente en el sur del Lago de Maracaibo donde san Benito se convierte en un santo negro, bailón y bebedor.

El panorama actual de las religiones que se profesan en Venezuela es amplio y variado: católicos, protestantes (en su mayoría evangélicos), cristianos ortodoxos, musulmanes, judíos, religiones orientales (budismo zen y taoísmo, hinduismo), religión de María Lionza, religión de la santería, para citar las más conocidas. Según las estadísticas, los católicos siguen siendo los más numerosos en el país, con un 82,8%[27]. Los venezolanos tendemos a definirnos como católicos cuando se nos pregunta acerca de nuestra fe religiosa, aunque no seamos practicantes. En el análisis de estas estadísticas hay que tomar en cuenta también que los creyentes de la religión de María Lionza y de la religión de la santería se confiesan católicos, de modo que el número total de católicos que arrojan las encuestas puede no corresponder a la realidad religiosa del país. Marialionceros y santeros asisten a los ritos católicos; ser bautizados en la Iglesia católica es requisito indispensable para pertenecer a estas religiones paganas. Marialionceros y santeros no sienten que participan en dos sistemas religiosos diferentes, sino que ambas constituyen un contínuum y se complementan sin excluirse: dioses paganos y santos católicos se corresponden y los ritos católicos se reinterpretan para adaptarse a las necesidades de los fieles de estas religiones.

Terminemos esta introducción subrayando que, en sentido estricto, las religiones monoteístas son fundamentalmente tres: el judaísmo, el islam y el protestantismo. La religión protestante venera a un solo Dios todopoderoso, sin culto a los santos y a las vírgenes. La religión católica es también monoteísta, pero su vertiente popular, con su cohorte de santos y vírgenes, que son los intermediarios entre los devotos y Dios, permite hablar de versión popular y politeísta del catolicismo. La santería y María Lionza son religiones politeístas, con muchos dioses y

---

27   Encuesta sobre factores determinantes de la pobreza realizada por el Instituto de Investigaciones Económicas y Sociales de la Universidad Católica Andrés Bello, realizada entre agosto de 1997 y diciembre de 1998. En: I. Castillo Sosa, «Religiones históricas en el espacio geográfico venezolano», p. 282.

diosas, santos y espíritus en sus panteones, que vehiculan además una visión pagana del mundo en la que el cuerpo ocupa un lugar central.

Atendiendo al número de los creyentes y a la difusión de las religiones que se profesan en nuestro país, en este trabajo nos dedicaremos al estudio de las siguientes religiones:

- el catolicismo popular;
- la religión protestante en su versión evangélica;
- la religión de María Lionza;
- la religión de la santería.

1. EL CATOLICISMO POPULAR

El término «religión cotidiana de las masas», empleado por Weber para designar la religión del estrato más amplio y generalmente desfavorecido de una sociedad, podría usarse aquí para definir lo que muchos antropólogos e historiadores latinoamericanos identifican como «catolicismo popular»[28]. Los obispos de América, en su III Conferencia General de Puebla (1979), aun cuando no dudan en afirmar que «la religión del pueblo latinoamericano es un catolicismo popular», advierten que «la piedad popular católica en América Latina no ha llegado a impregnar adecuadamente o aún no ha logrado la evangelización en algunos grupos culturales autóctonos o de origen negro»[29]. Se admite que hay un catolicismo popular latinoamericano, con rasgos religiosos comunes y diferentes del catolicismo popular de Europa, Asia o África, lo cual

---

28   El catolicismo popular es una forma específica de la religiosidad popular, propia de los pueblos latinoamericanos y que les da su propia fisonomía, en la que se reúnen rasgos religiosos comunes y distintos a los de los otros pueblos como podrían ser los de Europa, África o Asia. J. R. Seibold, «Religión y magia en la religiosidad popular latinoamericana», p. 80. La religiosidad popular es «la existencia cultural que la religión adopta en un pueblo determinado (...) esta religiosidad popular es una «religión del pueblo», que abarca todos los sectores, pero es vivida preferentemente por los «pobres y sencillos» (Documento de Puebla, 447). Ibídem, p. 87.

29   Citado por M. Marzal, «Sincretismos religiosos latinoamericanos», p. 56.

resulta obvio, en vista de que las religiones son instituciones sociales que están sometidas a la historia, pero el problema surge cuando se pretende que este catolicismo popular impregne «adecuadamente» los grupos autóctonos, esto es, los indígenas y sus descendientes, mestizos o no, y los grupos descendientes de los negros esclavos que también son mestizos. Precisamente, el aporte de estos grupos –sus variadas combinaciones, reinterpretaciones y sincretismos con la religión católica dominante– es lo que le da su fisonomía a este catolicismo de los «pobres y sencillos», como señala el Documento de Puebla. La revisión bibliográfica sobre el tema de la religiosidad en Venezuela nos permite comprobar cómo y cuánto las culturas autóctonas ya mestizadas y las diferentes culturas traídas por los africanos a Venezuela, también mestizadas, impregnaron el catolicismo popular, reinterpretándolo o haciendo combinaciones y correspondencias entre un sistema y otro para, justamente, poder sobrevivir. Vale decir que en Venezuela, como en toda América, muchas de las creencias y religiones indígenas y africanas pudieron sobrevivir y expandirse gracias a la existencia de un catolicismo que les ofreció los moldes y las estructuras en las que se «colaron» sus dioses y sus ritos.

En un libro publicado en 1976, la antropóloga Jacqueline Clarac afirma que frente a la opinión de que el campesino andino es «muy religioso», lo que equivale a decir «muy católico», este catolicismo es solo de fachada: se trata de normas impuestas, dice Clarac, que se cumplen por temor o por ignorancia, porque, en última instancia, no saben los campesinos cuáles podrían ser las consecuencias si desobedecieran, ni saben tampoco lo que tendrían que hacer para defenderse de esas normas. Veamos cómo nos describe Clarac el comportamiento religioso «católico» de los campesinos andinos:

> (el campesino) acude a misa el domingo siempre que pueda (cuando su capilla es atendida o cuando puede desplazarse hacia otra comunidad vecina que tiene párroco), celebra la Navidad, va a los ejercicios de Semana Santa a la parroquia (en el caso de los habitantes de La Pedregosa), aunque todo esto

lo hace siempre como un espectador pasivo. En caso de que se le preguntara: «¿En qué cree Ud.?», contestaría en seguida: «En Dios todopoderoso…» (puede ser que añada, por ejemplo «… y en la Virgen del Carmen» o en cualquier otro santo). Al principio creí igualmente que era muy respetuoso de este tipo de creencias, porque esa era su actitud manifiesta a primera vista. Con el conocimiento de la comunidad que posteriormente logré, pude comprobar que dicho respeto era solo aparente. Me di cuenta de cómo se burlaban entre ellos de dogmas y sacerdotes, especialmente si se han embriagado. Observé cómo el «payaso» de la comunidad utilizó en distintas oportunidades las mayores obscenidades frente a la capilla donde oficiaba el padre venido de Mérida, para referirse a este, y vi cómo todos los demás alrededor se carcajeaban para saludar luego respetuosamente quitándose el sombrero, al padre, a su salida. He oído también a menudo los comentarios críticos acerca de los sermones, de parte de hombres y mujeres, adultos y jóvenes [30].

La mayoría de los venezolanos van a misa el domingo, celebran la Navidad, asisten a las procesiones de la Semana Santa, algunos más y otros menos pasivamente. La mayoría de los venezolanos responden que creen en Dios y tienen un santo de su devoción. A esta actitud católica «manifiesta» la llamamos también «catolicismo de fachada» y este catolicismo, cuando no es impuesto y pertenece a la tradición del grupo familiar, goza de un respeto que puede ser muy sincero, sobre todo si los creyentes no pertenecen a ninguna otra de las religiones que se practican en Venezuela. No es el caso, de acuerdo con las observaciones de Clarac, del campesino andino, cuya religión «verdadera» es otra: enmarcada dentro de los preceptos y rituales católicos, el contenido de esta otra religión está impregnado de creencias indígenas que siguen teniendo un valor simbólico y una eficacia ritual. No se trata de «sobrevivencias», no se trata de «rasgos» o «elementos» del pasado que se han adherido a la religión católica; se trata de un sistema religioso que amalgama y reinterpreta tanto lo católico como lo indígena

---

30   J. Clarac, *La cultura campesina en los Andes venezolanos*, p. 119.

en una versión que llamamos, precisamente, «catolicismo popular», en cuanto se sirve de las «formas», de los ritos, de los lugares, del calendario católico para expresarse.

La segunda parte del párrafo de Clarac, las burlas al cura que oficiaba la misa, constituye un típico ejemplo del anticlericalismo que podemos observar en muchos pueblos del país[31]. Ahora bien, en cuanto a la religiosidad del campesino andino, en cuanto a esa forma de catolicismo popular propia de los Andes, tenemos que los grupos andinos campesinos se caracterizan por «una misma concepción del mundo, una misma ‹cultura› que constituye un conjunto diferenciado dentro de la realidad cultural más amplia de Venezuela»[32]. Esta concepción del mundo tiene su apoyo en creencias indígenas relacionadas con el agua y con la tierra, enmarcadas dentro de las fiestas y ritos populares católicos, como ya hemos señalado. Para los campesinos de los Andes, la tierra es un elemento esencial del que depende su vida. La tierra es concebida como «buena» y se la debe proteger: está representada por san Isidro Labrador, protector de la tierra productiva, con su carroza llena de yucas, de piñas, maduros, ocumo, plátanos, malangas. La divinidad indígena asociada originalmente con la tierra no la conocemos, dice Clarac, pero podemos pensar que se trata, de acuerdo con la lectura de Juan de Castellanos, de Icaque, una deidad que con el tiempo tomó los ropajes de san Isidro «labrador». Por el contrario, el agua es considerada un elemento vital pero destructivo, de la que los campesinos deben protegerse. Está representada por Arco —asociado al arco iris—, que vive en las lagunas, en los ríos, en los charcos, en todo sitio donde hay agua. Macho y hembra, Arco y Arca, pueden tomar forma

---

31   También Angelina Pollak-Eltz observó en Yaguaraparo (estado Sucre) que los jóvenes que se iban a confirmar ignoraban el significado de la ceremonia y se dejaban confirmar solo *para hacerle un favor al párroco*. A. Pollak-Eltz, *La religiosidad popular en Venezuela*, p.116.

32   J. Clarac, *La cultura campesina en los Andes venezolanos*, p. 40. Para una comprensión de los mitos y rituales de los campesinos andinos, véase también J. Clarac, *Dioses en el exilio. Representaciones y prácticas simbólicas en la cordillera de Mérida*, excelente ejemplo de la aplicación de los presupuestos teóricos y metodológicos de la Antropología al estudio de la cultura andina.

humana y en tal caso son «hermosísimos catires, con ojos de gato y pelo muy largo». Pican o muerden a las personas que, desprevenidas, pasan por las lagunas o cruzan los ríos. Según los estudios de Clarac, Arco fue seguramente la divinidad principal de los Andes venezolanos, relacionada, tal vez, con alguna escuela «mojánica» (de «mojanes»: médicos hechiceros de los Andes). Como resultado de la evangelización, que satanizó las creencias indígenas, la maldad y la peligrosidad del agua quedaron personificadas en Arco y Arca. Completa este sistema de creencias andino un santo, igualmente católico, que sirve de intermediario y conciliador entre el principio de la tierra y el principio del agua: san Rafael es el protector de la tierra contra el agua. Ocupa el lugar de mediador en esta concepción dualista del mundo[33].

Entre las muchas devociones que podemos incluir en el catolicismo popular, nos referiremos brevemente a la devoción a las ánimas del purgatorio que existe en todo el país. La liturgia oficial no tiene oraciones para estas ánimas ni fomenta su culto, pero la gente cree que las almas del purgatorio salen de noche rezando para pagar sus penas, y que los vivos pueden hacer que su estadía en el purgatorio sea menos larga con sus rezos, obras pías y limosnas. En su libro *La religiosidad popular en Venezuela*, Angelina Pollak-Eltz dice que los «muertos milagrosos» son considerados «ánimas» o «almas»: cuando un difunto es venerado como si fuera un santo católico, en su tumba o en una capilla, se le conoce como «ánima»; en cambio, cuando es invocado por un espiritista se considera «espíritu de fulano». Sin embargo, aun leyendo detenidamente el libro, nos damos cuenta de que la línea que separa a los «muertos milagrosos» de «los santos populares» (canonizados por el común de la gente) y de las «ánimas milagrosas», sean o no del purgatorio, es bastante difusa e imprecisa. La devoción popular se impone y son los devotos los que eligen los calificativos y fomentan el culto. La Iglesia católica no prohíbe rezarles a las ánimas, anota Pollak-Eltz, y termina el capítulo haciendo un recuento de las ánimas que «en el

---

33   J. Clarac, op cit., pp. 117-129.

catolicismo popular venezolano se confunden también con espíritus vagamente definidos». La muestra consta de dieciséis oraciones para las distintas ánimas, con la descripción de cada una de ellas: el ánima de Pica-Pica, el ánima de Guasare, el ánima de la Yaguara, entre otras[34].

Aunque la mayoría de los estudiosos reconoce que hay un catolicismo popular, a la hora de definir y analizar los elementos que entran en su constitución surgen no pocas dificultades. Así, cuando el sacerdote Pedro Trigo define al catolicismo popular como «una síntesis entre la religión hispánica y las religiones de los vencidos, síntesis operada por ellos mismos con ayuda de mediadores (misioneros y sobre todo peninsulares del pueblo)»[35], nos parece que está dejando de lado lo más importante del asunto: la violencia que supuso el mestizaje durante el período de la conquista y colonización. Si fue una «síntesis operada por ellos mismos», la mayoría de las veces fue llevada a cabo sin ayuda y en condiciones de sometimiento y persecución. El resultado puede ser, efectivamente, el catolicismo popular, pero el camino histórico para llegar a este resultado fue un camino violento, difícil, riesgoso y con todas las trabas posibles de parte del poder colonial. Y aunque no negamos la tolerancia, la apertura y la valoración que algunos misioneros pudieran haber tenido hacia la religiosidad indígena y la africana, la historia ha constatado que la visión de los vencidos se mantuvo al margen, se combatió la mayoría de las veces y se satanizó, produciendo en los creyentes los consabidos traumas que el colonialismo deja a su paso. Será por estas razones que el mismo Trigo afirma que, aunque la religión de la institución eclesiástica y la del pueblo son religiones católicas, «la institución eclesiástica no reconoce a las religiones populares»[36].

Desconocer o descalificar esta religión popular es negar una realidad que está allí desde la colonización del continente americano. El Documento de Puebla reconoce la existencia del catolicismo popular

---

34   A. Pollak-Eltz, *La religiosidad popular en Venezuela*, pp. 44-54.

35   P. Trigo, *Una constituyente para nuestra iglesia*, p. 248.

36   P. Trigo, op. cit., p. 249.

como religión del pueblo latinoamericano, pero se queja del poco éxito de la evangelización en los grupos autóctonos y de origen negro, lo cual parece plantear una contradicción en los términos. Lo que sucede es que el problema de la catequización de los negros y de los indios en América es un tema controversial del que no se ha dicho la última palabra. Y si todavía hoy día Jacqueline Clarac, en sus estudios sobre la religiosidad andina, puede subrayar el catolicismo superficial de los campesinos, también se sabe que «el catolicismo no penetró verdaderamente en las creencias de los esclavos negros sino que, como dice Bastide, se superpuso a ellas, sin reemplazarlas»[37]. Leamos lo que Alfredo Chacón señala para el pueblo de Curiepe y para toda Venezuela:

> Es evidente que durante los siglos XVIII, XIX y parte del XX, la Iglesia, directa y casi exclusivamente representada en la actuación del cura parroquial y administrada mediante la vinculación oficial, epistolar, entre este y su superior residente en la capital provincial, fue una institución con respecto a la cual la mayoría de la población marcó claras distancias, las cuales en el siglo XVIII van desde la indiferencia o marginamiento frente a sus preceptos y rituales, por parte del gran contingente de esclavos y morenos libres, hasta la inconformidad y la protesta de los mestizos, enfrentados como fuerza social a los hacendados blancos americanos y a los funcionarios y comerciantes blancos españoles, en lo referente al abandono material y moral en que siempre se encontró la iglesia local. Esta distanciación, por su parte, implicaba tanto la pertenencia de la mayoría negra a otras formas de la creencia y la práctica mágico-religiosa –las cuales, a su vez, eran fuertemente contrariadas y hasta reprimidas por la iglesia provincial–, como la percepción que los mestizos, en su orientación general hacia el acceso a algunos de los privilegios detentados por los dominantes peninsulares y criollos, habían alcanzado de la iglesia como institución clave para el afianzamiento de sus intereses sociales[38].

---

37   M. Ascencio, *Entre santa Bárbara y Shangó*, p. 15. Roger Bastide, destacado estudioso de las religiones afroamericanas en la primera mitad del siglo XX.

38   A. Chacón, *Curiepe*, p. 288.

La cita anterior nos sirve de entrada para el estudio del catolicismo popular en otra región de Venezuela, la región de Barlovento. El libro *Curiepe*, de Alfredo Chacón, es el resultado de una investigación realizada durante los años 1961-1963, sobre la actividad mágico-religiosa de ese pueblo, ícono de Barlovento por la celebración de la fiesta de san Juan, el 24 de junio de cada año. Publicado en 1979, el libro constituye una muestra de la aplicación de una rigurosa metodología para la recolección y clasificación de los datos, y de la construcción de un instrumental teórico para la comprensión e interpretación de los datos recogidos.

La primera observación que encontramos en *Curiepe* es la referencia a la cruz como supremo símbolo de la divinidad. Imagen sagrada por excelencia, nos dice el investigador, y objeto de diversos homenajes rituales como los velorios, las procesiones y las ofrendas. La creencia en esta Santa Cruz, como la llaman los devotos, parece señorear en el universo religioso del pueblo, pero otras manifestaciones y creencias forman también parte de ese universo, completándolo, y son las siguientes:

- La creencia en el poder de la Santa Cruz.
- La creencia en la existencia extraterrena de seres o fuerzas ideales representados como espíritus; la creencia en la influencia (benéfica o maléfica) que estos espíritus ejercen sobre la vida terrena; y la creencia en la eficacia de la acción ritual para conjurar la influencia de los espíritus maléficos.
- La creencia en la existencia extraterrena del alma de los muertos o ánimas y la reiteración de la cruz como elemento mediador del mundo cotidiano de los hombres y el mundo misterioso de los seres espirituales que pueblan el más allá remoto o indefinidamente circundante.
- La creencia en la eficacia de ciertos actos rituales como medios y requisitos para interceder ante Dios a favor del alma de los muertos[39].

---

39   Chacón, op. cit., p. 87.

Hay que destacar, en segundo lugar, que tanto en Curiepe como en todos los pueblos de la región de Barlovento –y podríamos agregar que en todos los pueblos de Venezuela–, los cultos y las fiestas religiosas populares se rigen, como hemos señalado, por el calendario católico del que se toman algunas figuras de la liturgia. Ya vimos, para el caso de los Andes, los cultos a san Isidro Labrador y a san Rafael. Para el caso de Curiepe tenemos la Noche Buena, el día de los Reyes Magos, el día de san José, la Semana Santa, Corpus Christi, la Virgen del Carmen, la fiesta de san Juan, el día de todos los santos, la Inmaculada Concepción… fiestas estas que se celebran tradicionalmente con misa y procesión[40].

Como bien lo indica el propósito de la investigación, Chacón distingue los actos religiosos de los actos mágicos. En los primeros incluye los actos multitudinarios, como las misas y procesiones de la Semana Santa, la procesión del santo Sacramento, la llegada y despedida del Niño Jesús, la fiesta de san Juan, y las fiestas patronales. Los actos religiosos privados se realizan por iniciativa personal, en casas, como los velorios (del Niño, de la Cruz y de san Pascual) en pago o cumplimiento de promesas; y las reuniones de las sociedades religiosas que también se llevan a cabo en las casas de los devotos. Estos actos, profusamente descritos en el libro, no constituyen toda la actividad religiosa de la comunidad, pues existe, además del nivel doméstico y del público, otro nivel que corresponde a los actos individuales que se llevan a cabo en la intimidad de la casa familiar. De este modo, el investigador da cuenta, en su libro, de los dos niveles de representaciones y creencias mágico-religiosas, una que se exterioriza en actos públicos o domésticos de carácter predominantemente religioso y otra,

---

40   A. Chacón, op. cit., p. 92-93. El calendario católico se impone durante la Colonia a todos los habitantes. Los esclavos negros y los indígenas sometidos no hicieron sino adaptar sus creencias y cultos al nuevo calendario, identificando a sus dioses con los nuevos santos impuestos. En las religiones afroamericanas (el vodú, la santería y el candomblé) el sistema de correspondencias entre santos católicos y deidades africanas es conocido por todos los creyentes. En el caso de los cultos, como los de san Isidro, san Juan o san Benito las identificaciones son difíciles de precisar o se han olvidado. Véase el estudio de Clarac ya mencionado sobre la religiosidad andina y también, M. Ascencio, *Entre santa Bárbara y Shangó, y Las Diosas del Caribe*.

más íntima, que sucede en el ámbito doméstico, pero cuyo sentido y significación es eminentemente mágico[41].

En cuanto a los actos mágicos, Chacón los clasifica en cuatro categorías: prácticas benéficas, prácticas maléficas, prácticas adivinatorias y prácticas propiciatorias. Resumiendo estas diferentes prácticas con las palabras del autor, podemos señalar lo siguiente:

Las prácticas benéficas tienen que ver con rituales que buscan el bien en sí mismo y con la búsqueda de ese bien fundamental que es la salud. Esta práctica está asociada a la concepción mágica de la enfermedad y a la curación. Dos personajes sobresalen en esta actividad: el ensalmador (de picada de culebra o de mal de ojo) y el *curioso,* que dedica más tiempo que los ensalmadores a sus funciones médicomágicas y, en general, tiene una clientela que lo consulta con regularidad sobre cualquier tipo de enfermedad o malestar, retribuyéndole sus servicios de una manera más formal. Es importante señalar que, al conocimiento que tanto el ensalmador como el curioso tienen de las plantas, se añade la creencia en el poder de las palabras de las oraciones, es decir, del rezo.

Las prácticas maléficas serían el reverso de las anteriores en tanto que parten de la creencia en la eficacia maléfica del ritual mágico, orientado para causar intencionadamente el mal. Esta actividad mágica, destinada a causar daño a personas, animales o cosas, se denomina generalmente *brujería. Brujo* es todo aquel que, a los ojos de la comunidad, practica regularmente esta actividad. *Daño* es tanto el objeto material que causa el perjuicio como el resultado de su aplicación, es decir, el mal propiamente dicho.

Las prácticas adivinatorias se llevan a cabo generalmente por el propio interesado para conocer el futuro. Propio de Curiepe es el conocido rito de verter una clara de huevo en un vaso de agua para «leer» la forma que toma al día siguiente e interpretarla como un aviso de lo que ocurrirá.

Por último, las prácticas propiciatorias usadas, generalmente, para propiciar el bien individual, entendido corrientemente en términos

---

41   A. Chacón, op. cit., p. 209.

de buena suerte, salud o amor, mediante el uso de perfumes, esencias, velas, baños, sahumerios…[42].

Tanto las definiciones que nos da Chacón en su libro sobre *brujería*, *brujo* y *daño* como la clasificación de las prácticas mágicas, podrían aplicarse a toda Venezuela. Son además, *grosso modo*, las que los estudiosos encuentran no solo en América Latina sino también en África y en otras regiones. *Curiepe* no hace sino constatar y reforzar la validez universal de estas categorías y de sus definiciones, al mismo tiempo que nos provee de un marco conceptual para entender fenómenos que se habían visto como aislados, «folclóricos» o típicos de un pueblo o una región cuando, por el contrario, se trata de actividades y actitudes que revelan una visión del mundo y una forma de aprehender la realidad que encontramos en diversas culturas a lo largo de la historia…

Actualmente, en Venezuela, santeros, marialionceros y creyentes en general practican con mayor o menor regularidad estos cuatro tipos de ritos mágicos. Rituales de adivinación se practican hoy día no solo en Curiepe, sino en Caracas o en cualquier ciudad del país, con la lectura del tabaco en María Lionza, con la lectura de los cocos y los caracoles entre los santeros, con la lectura de las cartas (barajas españolas o tarot), de las runas y de la carta astral, principalmente en la clase media. Rituales propiciatorios, muy difundidos en todas las clases sociales, comprenden desde «limpiar» la casa o el «aura» de la persona, llevar una medalla de la Virgen o de un santo como protección, pronunciar un «mantra» o una oración en momentos difíciles, hasta vestirse de determinado color o usar determinada prenda cuando se va a iniciar algo… Los rituales maléficos siguen siendo secretos; la sanción social impone que este tipo de actividad se haga en forma oculta, íntima, pero las numerosas oraciones y fórmulas para deshacerse de un enemigo, para atraer o castigar al amante infiel y otras por el estilo, dan cuenta de la popularidad de esta actividad. De este modo, el valor del libro *Curiepe* de Alfredo Chacón está en su doble condi-

---

42   Ibídem, 209-238.

ción de hacernos conocer una realidad específica, como es el pueblo de Curiepe, y permitir la comprensión de una realidad cultural universal como es la actividad mágico-religiosa en su generalidad.

Terminaremos nuestro recorrido por el libro de Alfredo Chacón refiriéndonos a esa forma de contrato que se establece con la divinidad y que se conoce con el nombre de *promesa*. La promesa implica «pedir, ofrecer y cumplir lo ofrecido para garantizar recibir lo pedido»: te pido (Niño Jesús, san Juan, Jesús en la Columna, Virgen María, santo Árbol de la Cruz, ánima de fulano de tal) la curación de mi hijo y te ofrezco (cargar la cuna durante tu despedida del pueblo, regalarte un traje nuevo para la próxima fiesta, asistir a la misa solemne de tu día, ponerte un velorio, alumbrarte con velas todos los lunes de este año). «El padecimiento, el ofrecimiento y el cumplimiento de lo prometi-do son los tres momentos principales en el desencadenamiento de la compenetración con la divinidad»[43]. La promesa es la palabra proferi-da por el devoto que mueve a la divinidad a conceder la petición. En esta relación, apunta el investigador, son los seres humanos los que imponen las condiciones, en base al conocimiento de aquellas cosas o acciones que, por ser del agrado de la divinidad, la moverá a la conce-sión de la gracia solicitada.

Do ut des (doy para que me des), la fórmula que rige los inter-cambios entre los seres humanos y la divinidad, coloca, como en los rituales de sacrificio, a los dos personajes frente a frente, en igualdad de condiciones: uno pide y ofrece, el otro da y concede, en una especie de contrato sagrado entre las partes: de un lado la palabra del devoto y del otro la respuesta de la divinidad mediante una acción. Si los seres humanos no postulan nunca que son iguales a los dioses, el acto mágico es el único ritual en que esta igualación se produce en un doble movi-miento: el hombre se eleva hasta los dioses al prometerles algo que les agrada y que, por lo tanto, los moverá a su vez a conceder lo pedido,

---

43   A. Chacón, op. cit., p. 274.

y los dioses (santos, espíritus, entidades) descienden, por así decirlo, humanizándose, al dejarse «manipular» por los mortales.

El incumplimiento de la promesa ha sido siempre un recurso para explicar las desgracias, la enfermedad e incluso la muerte. En el diagnóstico que hacen el «banco» (en María Lionza) y el «curioso» (en Barlovento), el incumplimiento de la deuda contraída con la divinidad, esto es, el pago de la promesa, no es un asunto que pueda pasarse por alto: se trata de la ruptura de un contrato, de la ruptura de un pacto, que puede tener graves consecuencias, no solo para el individuo, sino para la comunidad en general. Como veremos más adelante, el incumplimiento de la promesa es uno de los pocos casos que, según Gustavo Martin, motiva el sentimiento de culpa en los deudos[44].

Las últimas páginas del libro *Curiepe* de Alfredo Chacón se dedican a responder a la pregunta: ¿hasta qué punto y de qué modo aparecen en las significaciones mágico-religiosas las tres fuerzas esenciales de la realización social, es decir, el trabajo, el poder y el sentido?[45], pregunta fundamental que el investigador contesta invocando la historia de Curiepe, pero que podría ampliarse al país, porque la composición de lo mágico-religioso hay que buscarla «no solamente dentro de su estricto ámbito interno, sino en su articulación con las demás esferas fundamentales de la actividad socio-cultural»[46]. Precisamente, acostumbrados como estamos a considerar la religión y la religiosidad como una actividad aislada, separada del resto de las demás actividades y sobre todo, en el caso de la religiosidad popular, como un campo cerrado que se mantiene por una tradición atrasada y que, en todo caso, hay que superar, no vemos su articulación con las otras actividades de la sociedad. El discurso antropológico nos muestra esta articulación y nos permite comprender el papel que juegan las religiones en la vida diaria de los creyentes.

Terminemos estas reflexiones sobre el catolicismo popular señalando que podríamos hacer un mapa de las variedades del catolicismo

---

44   G. Martin, op cit., p.196.

45   A. Chacón, op cit., p. 279.

46   Ibídem, p. 283.

popular en nuestro país hoy día: las regiones de Barlovento, sur del lago de Maracaibo, el oriente venezolano alrededor de la población de Campoma conformarían un conjunto (con predominio de elementos afroamericanos) diferente del de la región andina (con predominio de elementos indígenas) y ambos, diferentes de la religiosidad de la región del Yaracuy (con predominio de elementos indígenas y afroamericanos), cuna de la religión de María Lionza. En resumen, observamos en Venezuela un catolicismo popular con rasgos particulares según las regiones, y un catolicismo popular urbano en el que se observa el influjo o el claro predominio de la religión de María Lionza en las clases sociales más desfavorecidas. En los últimos años, la puesta en boga de las concepciones y la parafernalia de la llamada Nueva Era impregna el catolicismo de las clases urbanas medias de las ciudades venezolanas.

2. LAS DIVERSAS IGLESIAS EVANGÉLICAS

De acuerdo con el valioso estudio de Ignacio Castillo Sosa s.j. sobre las «religiones históricas» que se profesan en nuestro país, los adeptos de las iglesias evangélicas representan el 4,8% de la población. De este 4,8%, la mayoría está en el estrato D, con 46,5%. Le sigue el estrato C, con un 26,2% y el estrato E, con un 18,6%[47]. Conviene aclarar de inmediato que las iglesias evangélicas son todas aquellas iglesias basadas en el protestantismo[48] y fundadas a finales del siglo XVIII y durante el siglo XIX en los Estados Unidos. Estas confesiones, cada vez más numerosas en Venezuela (y en América Latina en general),

---

47   Datos de la encuesta sobre factores determinantes de la pobreza, realizada por el Instituto de Investigaciones Económicas y Sociales de la Universidad Católica Andrés Bello, que se llevó a cabo entre agosto de 1997 y diciembre de 1998. En: I. Castillo Sosa, «Religiones históricas en el espacio geográfico venezolano», pp. 283-284.

48   Se denomina *protestantismo* a una de las tres mayores ramas del cristianismo (las otras dos son el catolicismo y la ortodoxia) originada en la Reforma del siglo XVI del monje Martín Lutero. El protestantismo se caracteriza por la doctrina de la justificación de la gracia a través de la fe (y no de las obras), la comunidad de fieles y la autoridad de las Escrituras.

comienzan a llegar a mediados del siglo XIX a las principales ciudades del país, pero su auge y expansión empiezan a ser notorios a partir de los años cincuenta del siglo XX:

> La fuerza expansiva del proselitismo evangélico se acentuó a partir de 1960, siendo efectivo sobre todo en sectores medios bajos y populares. Los grupos que logran más adhesión son los pentecostales y los adventistas; y en grupos medios urbanos, los testigos de Jehová y los mormones. En conjunto, la práctica religiosa de los conversos se caracteriza por una fuerte experiencia de Dios que implica la sanación espiritual y corporal, una llamada al cambio ético, el descubrimiento de la Biblia y la pertenencia a una comunidad de fieles con un alto grado de expresividad emotiva. Desde 1959 varias de las confesiones se encuentran articuladas en el Consejo Evangélico de Venezuela[49].

Angelina Pollak-Eltz es la antropóloga que más ha estudiado a los evangélicos en nuestro país. En un libro dedicado al estudio del pentecostalismo en América Latina, publicado en 1998, afirma que por lo menos un 10% de la población venezolana está relacionado, directa o indirectamente, con esta devoción de origen protestante[50].

El movimiento pentecostal nació en los Estados Unidos alrededor de 1900, fundado por exmiembros de las iglesias metodistas, bautistas y presbiterianas, se diferencia de estas y otras iglesias protestantes por la práctica de glosolalia[51] y por los ritos extáticos[52] destacándose, además, el énfasis en la salvación, la santificación, el bautismo del Espíritu santo y la creencia en la pronta segunda venida de Cristo. Los primeros

---

49 I. Castillo Sosa, op. cit., p. 285.

50 *A. Pollak-Eltz,* «El pentecostalismo en la América Latina hoy. Introducción», p. 11.

51 Hablar en lenguas. No es un idioma verdadero. El adepto vocaliza su gozo y su excitación espiritual en palabras ininteligibles. La «glosolalia» diferencia a los pentecostales de los otros evangélicos, tales como bautistas y presbiterianos, que desconocen estas prácticas. A. Pollak-Eltz, «El ‹Nuevo hombre› en el concepto del pentecostalismo evangélico». p. 615.

52 Éxtasis: estado caracterizado por la unión del hombre con la divinidad mediante la contemplación, y exteriormente por la suspensión en mayor o menos grado de los sentidos y de la actividad fisiológica. N. García Gavidia. *Posesión y ambivalencia en el culto de María Lionza*, p. 45.

misioneros llegaron a nuestro país en los años veinte y se establecieron en Barquisimeto y Coro, y el primer templo de la Asamblea de Dios en Caracas fue fundado en 1946[53].

De la lectura de los tres trabajos del libro mencionado que se refieren a Venezuela se desprende que hay dos tipos de corrientes adscritas al pentecostalismo. La primera recluta sus miembros en las clases urbanas más pobres y en las áreas rurales, donde forman comunidades estrechas alrededor de un pastor carismático, a menudo sin formación teológica. El pastor, que es miembro de la comunidad, dirige los servicios e interpreta la Biblia, reunidos en casas particulares o en un sencillo galpón. Los miembros de la comunidad se llaman «hermano» y «hermana» entre ellos y se ayudan mutuamente; observan un conjunto de reglas de conducta muy estrictas: no toman alcohol ni fuman; las mujeres se dejan crecer el pelo y visten con faldas y mangas largas, rechazan el divorcio y el aborto. Sus ritos, que comprenden cantos y palmadas, son emotivos, y con ayuda del Espíritu santo, del aceite bendito y de la imposición de las manos, sanan a los enfermos y ayudan a los afligidos. Llevan una vida frugal y esperan cosechar frutos de sus sacrificios en el *más allá* o en el milenio que vendrá después de la destrucción del mundo. Dentro de esta corriente, se ubica la iglesia, Dios es Amor, que reúne a personas muy desfavorecidas que acuden en pos de la solución de sus problemas. Fundada en Brasil en los años sesenta, esta iglesia posee actualmente centenares de templos en todos los países latinoamericanos. Sus dirigentes hacen énfasis en las curaciones milagrosas y los exorcismos; sus pastores luchan contra los demonios, hechiceros y brujos de los grupos que antes acudían a las deidades de las religiones afroamericanas (santería, candomblé y vodú), y practican el bautizo por inmersión completa que tiene lugar en los ríos.

El segundo tipo de congregaciones pentecostales presenta una organización más estructurada: tienen su propio templo o se reúnen en antiguos cines, y sus miembros cuentan con mayores recursos econó-

---

53   A. Pollak-Eltz, «El pentecostalismo en la América Latina hoy». Introducción, p. 9.

micos. Los pastores –nativos de la segunda generación- son egresados de seminarios bíblicos y son excelentes predicadores. En los servicios religiosos hay coros y conjuntos musicales con tambores y órganos electrónicos. Es frecuente que mantengan una escuela dominical para niños, jóvenes y adultos, y los templos que tienen mayores recursos ofrecen asesoría jurídica, servicio médico y actividades sociales, además de utilizar los medios de comunicación para transmitir los servicios religiosos por radio y televisión. Incluso exigen, como forma de propaganda y de divulgación, que los «liberados» (del demonio) y los «curados» den sus «testimonios» por estos medios de comunicación.Dentro de esta segunda corriente, las normas éticas son menos estrictas y no están reñidas con las costumbres de la clase media. Los fieles no fuman ni beben, pero las mujeres pueden vestirse a la moda. Los adeptos, en general, no concentran su atención en el más allá solamente, sino que aspiran también a los beneficios y comodidades de la vida actual. La llamada «Teología de la prosperidad» ha tenido un gran éxito en el ambiente urbano, los creyentes obedecen a las normas prescritas y pagan sus diezmos. Los bautizos se llevan a cabo en piscinas o en los propios templos.

La combinación de un código de conducta estricto y la participación activa y con gozo en los servicios religiosos que incluyen cantos, música, llantos, risas y gritos extáticos, constituye, para los estudiosos, la clave de la popularidad de estas organizaciones religiosas en Venezuela y en todo el continente. Se suma a lo anterior la reputación que tienen los pentecostales de ser honestos, frugales y buenos trabajadores, lo que les facilita encontrar empleo y mejorar la situación económica de su familia al llevar una vida sin frivolidades. Pollak-Eltz piensa que la popularidad de estas iglesias se debe también a que actúan como un freno frente al consumismo y la necesidad de novedad de los tiempos actuales. Frente a la permisividad que pregona la posmodernidad, frente a la pérdida de valores éticos y sociales que rigen la vida cotidiana actual, la gente se refugia en reglas rígidas para reordenar la vida caótica del mundo de hoy[54]. También el sociólogo David Smilde, quien se ha

---

54   A. Pollak-Eltz, op. cit., pp. 8-9.

dedicado en los últimos años al estudio de los evangélicos en Venezuela, señala lo siguiente en relación con este punto:

> Los evangélicos proveen una moralidad clara, rigurosa, individualista, abstracta y absoluta. Se fundamenta en una interpretación del cristianismo en que el individuo es controlado o por el diablo o por Dios según el comportamiento del individuo en la tierra. Si el individuo se mantiene dentro de la «moralidad bíblica» al no consumir alcohol, drogas o tabaco, al no contrariar los diez mandamientos y a través de las prácticas como asistir al culto, leer la Biblia, orar, ayunar y predicar a otros, entonces se mantiene en comunión con Dios quien lo controla y lo protege de la influencia de Satanás. En cambio, si no cumple con estos requisitos esta comunión está rota y el individuo es susceptible a la influencia malintencionada de Satanás (a menos que Dios tenga un proyecto con esta persona no conversa). Esta moralidad define claras normas éticas y las pone en un contexto sobrenatural con consecuencias netamente individuales. Como resultado, los evangélicos rechazan la complicidad y se prestan para juzgar el comportamiento de los demás[55].

El éxito de estas congregaciones en la clase media profesional reposa en el vínculo estrecho que se establece entre el pastor y su comunidad. El pastor vive en la comunidad y está enterado de los problemas de sus feligreses. No es el sacerdote que viene los domingos a dar la misa y se va. Las personas frecuentan la casa del pastor y acuden a él en busca de consejos y de ayuda y, de acuerdo con las normas éticas de estas iglesias, los familiares y las parejas se acusan mutuamente de las faltas cometidas denunciando a los supuestos culpables. Algo importante de señalar en relación con las emigraciones urbanas es que los lazos entre «hermanos» y «hermanas» sustituyen a los lazos familiares perdidos en el éxodo rural, en la emigración a la ciudad o al barrio y, más aún, en la emigración fuera del país[56].

---

55   D. Smilde, *Los evangélicos y la polarización…* p.164.
56   Ibídem, pp. 16-18.

La antropóloga Yolanda Salas se refiere a la Iglesia Pentecostal del Espíritu santo que llega a Venezuela en 1995 como una rama derivada de la iglesia Dios es Amor. En su artículo, Salas destaca la lucha de los pastores contra la brujería y sus prácticas alrededor de la «curación». La curación significa, fundamentalmente, en esta iglesia, la «liberación» de los demonios que se posesionan del cuerpo y del espíritu de las personas, enfermándolas. Los demonios se disfrazan o se adueñan de los nombres de las entidades de la santería y de la religión de María Lionza, de Changó, de Guaicaipuro, del Negro Felipe y de la propia María Lionza, para desatar el mal. La interpretación que hacen estas iglesias sobre el poder de engaño que tiene el demonio les permite combatir fervorosamente a las religiones populares y presentarlas como religiones demoníacas cuyo fin es «dañar» a la gente mediante lo que se denomina «enfermedades puestas»[57]. El ritual de liberación consiste, entonces, en una sesión de exorcismo en la que el pastor conmina al diablo a salir del cuerpo del poseído, gritando «¡Fuera! ¡Fuera!», y los presentes corean repitiendo varias veces el mismo grito. Se trata de una verdadera guerra contra la santería y María Lionza, consideradas religiones que trabajan con la brujería y desatan la envidia que causa todos los males. En resumidas cuentas, estas sectas protestantes, como comúnmente se les denomina, tienen como fin supremo limpiar a Venezuela de los males que traen los demonios: los demonios acosan y persiguen a las personas posesionándose de sus cuerpos, y las iglesias pentecostales persiguen, a su vez, a las religiones populares en un afán de «liberar» al país de la brujería, gracias al poder pentecostal[58]:

---

57   Las enfermedades puestas o «males puestos: son causadas por: 1- los seres humanos, especialmente por aquellas personas que pertenecen al grupo social de la víctima: familiares, amigos, vecinos, compañeros de trabajo; 2- espíritus malignos que vagan por el espacio y pueden introducirse dentro de las personas y causarles daño. Bajo esta concepción de «enfermedades puestas» subyace una acusación de brujería que pone de manifiesto la idea de persecución. N. García Gavidia, *El arte de curar en el culto a María Lionza*, p. 38-39.

58   Y. Salas, «Cultura, retórica y poder del pentecostalismo evangélico. Iglesia Dios es Amor», pp. 19-39.

¡Oh, santo de Israel! Tenga misericordia.
En el nombre de Jesús en este día reprendemos
Todo demonio de miseria, todo demonio de
  corrupción, todo demonio de idolatría, de
  brujería, de hechicería.
 Oh, señor empieza a tumbar esos altares.
 Oh, señor empieza a derribar esos altares.
 Manda fuego. Manda fuego. Manda fuego.
Manda fuego.
Que seas tú quien gobierne, que seas tú quien
  reine, Señor.
Sea hecho en el Nombre de Jesús, en el
Nombre de Jesús.
En el Nombre de Jesús reprendemos toda
  potestad del diablo.
Ahora, Espíritu santo.
¡Fuera Negro Felipe, fuera indio Guaicaipuro!
Todo bajo control.
Todo bajo control en esta mañana.
Oh, Padre, quita toda ansiedad de mis hermanos.
Quita todo afán de mis hermanos.
Para que puedan descansar en ti.
Para que no pierdan la fe.
Para que no pierdan el poder.
El diablo se ha levantado para sembrar
ansiedad.
Para sembrar angustia, desespero.
La ansiedad está cayendo en cada hermano.
Para que pierda la fe y confianza en ti.
Que tu pueblo pueda descansar en ti porque así
como tú venciste
Nosotros también venceremos[59].

---

59 Reproducido por Y. Salas, op. cit., p. 34

La oración-exorcismo que acabamos de leer ilustra a cabalidad lo que se conoce con el nombre de «dimensión persecutoria del mal»: los demonios persiguen a los creyentes para enfermarlos y la iglesia pentecostal persigue a estos demonios. Para la Antropología de las Religiones, la dimensión persecutoria del mal es un rasgo de los sistemas religiosos en general: el mal viene siempre del exterior, la responsabilidad de los individuos se diluye al proyectar la culpa sobre Dios, Satanás, los espíritus o sobre las demás personas. Los creyentes se sienten, así, liberados de las responsabilidades y contingencias de la vida cotidiana. Las frases: «el Señor me castigó», o «Dios me puso a prueba» se oyen frecuentemente en boca de los creyentes de las iglesias protestantes, pero también las entidades de María Lionza y los orishas de la santería persiguen y castigan a sus fieles con penas y enfermedades, cuando faltan a sus obligaciones o cuando no cumplen con las promesas, como ya hemos señalado. Paralelamente, la trascendencia y el desapego del mundo otorga, sobre todo a los devotos de las iglesias evangélicas, una nueva identidad mística, identidad que está por encima de las determinaciones sociales y personales y que se expresa con la frase «yo ya me entregué al Señor», frase que pronuncian con júbilo: de aquí en adelante, el Señor se encargará de todo.

Para completar el cuadro sobre la religiosidad de los creyentes de las iglesias evangélicas, hay que señalar que los fieles conceden a *la Palabra* (bíblica) un valor profético y sagrado: en la *Biblia* todo habría sido anunciado y, por ende, el mundo, las sociedades y los seres humanos tienen un destino ya escrito que está en manos de Dios. En consecuencia, los males actuales como la corrupción, el terrorismo, los desastres naturales, la escasez de alimentos, no son motivo de sorpresa ni de incertidumbre, pues ya habían sido «profetizados». Siguiendo con esta misma lógica, todo malestar personal es reinterpretado como una «prueba del Señor», y los «hermanos» que tienen el don de profecía son llamados a «explicar» los malestares de los otros «hermanos». Cabe destacar, para concluir este punto, la obligación que tienen los creyentes de divulgar *la Palabra*, haciendo del proselitismo una verdadera cruzada para convertir a los infieles.

Por último, hemos observado que la estima que tendrían los pentescostales en la sociedad venezolana, estima ponderada por A. Pollak-Eltz, no es una opinión generalizada. Existe un prejuicio hacia los devotos de estas confesiones en cuanto que hay una duda sobre su nuevo estilo de vida, basándose en el hecho de que, antes de convertirse, algunos no observaban las normas de conducta aceptadas por la sociedad: robaban, consumían drogas y tenían un comportamiento antisocial. Aunque este prejuicio no es, de ninguna manera, lo más corriente, algunas personas desconfían de los evangélicos porque «uno no sabe si de verdad ahora son buenos», «les hacen un lavado de cerebro, no se sabe».

David Smilde, a quien hemos citado en relación con la moral evangélica, nos informa que, de 1986 a 1993, el porcentaje de la población evangélica subió más que el doble, de 2,6% a 5,34%. La tercera parte de los evangélicos en Venezuela, nos dice, son pentecostales, y aunque usan el término «pentecostal» para identificar sus templos, se definen a sí mismos como evangélicos, para denotar la primacía del Evangelio (los cuatro libros del Nuevo Testamento que cuentan la historia de Jesús), o más generalmente, de la Biblia, o como «cristianos», para señalar su «cristocentrismo» (e implícitamente deslegitimar la identificación de los católicos como cristianos). El Concilio Evangélico de Venezuela (CEV) y el Concilio Evangélico Pentecostal de Venezuela (CEPV), las dos organizaciones evangélicas más importantes del país, no son excluyentes y muchas iglesias pentecostales pertenecen a ambas.

Tradicionalmente, se han alejado de los asuntos políticos, a menos que se trate de asuntos que tienen que ver con la libertad de cultos[60]. Smilde se refiere muy particularmente a las medidas unilaterales del presidente Chávez que favorecen a los grupos evangélicos que operan en el país, y señala que el interés del gobierno de relacionarse con el movimiento evangélico probablemente fue una estrategia para reducir el poder de la Iglesia católica. En una entrevista que el investigador le hiciera al pastor Samuel Olson, presidente del CEV, en el año 2001,

---

60   D. Smilde, «Contradiction without paradox: evangelical political culture in the 1998 Venezuelan elections», p. 78.

Olson explicó que, aun cuando con Chávez la administración de la Dirección de cultos había apoyado a los evangélicos y que algunos abogados evangélicos habían sido consultados en relación con una nueva ley sobre libertad de cultos, además de las posiciones que habían adquirido en el gobierno, él y otros líderes se enteraron de estas iniciativas después de que sucedieron. En resumidas cuentas, el pastor Olson confiesa no entender esta –aparente– apertura del gobierno con las iglesias evangélicas, pues nunca llegó a expresarse en un contacto explícito del gobierno con los líderes evangélicos[61].

No podemos cerrar la exposición sobre las iglesias evangélicas sin señalar la preocupación de la Iglesia católica ante el avance y auge del protestantismo en toda Latinoamérica. En Venezuela, Pedro Trigo denuncia que el fenómeno de las «sectas evangélicas» cumple un propósito expreso de los gobiernos de los Estados Unidos de «quebrar la unidad cultural de nuestro pueblo»; levanta la voz de alarma pero confiesa al mismo tiempo que:

> El punto previo es que las sectas en nuestro país tienen una presencia contundente. No solo son muchas y muy activas y ruidosas sino que lejos de limitarse a concentrarse masivamente en algunos puntos muy precisos (cosa que también hacen en concurridas y vívidas manifestaciones) están regadas en los cuatro puntos de nuestra geografía, o implantadas en los ambientes más carentes de todo servicio. Sus centros de culto son mucho más numerosos que los católicos y sus pastores y servidores superan con creces a la institución eclesiástica católica, incluyendo en ellas a las religiosas. Su membresía, sobre todo, es activa, incluso aguerrida. También sus recursos económicos son abundantes, sin pecar nunca de ostentosos, diríamos que están eficazmente empleados en lo esencial: locales, aparatos de sonido, materiales impresos, viáticos para tantos misioneros itinerantes o más o menos estables.
>
> Así, pues, son muchos y en plena expansión. Poseen un aparato organizativo bien aceitado. Pero también un caudal de vida y expresividad[62].

---

61   Ibídem, p. 91.

62   P. Trigo, *Una constituyente para nuestra iglesia*, p. 231

Las voces de alarma han surgido en todo el continente, y la Iglesia católica se ha visto obligada a considerar y examinar la presencia de las iglesias evangélicas en América Latina, verdaderos competidores en el reclutamiento de fieles.

3. LA RELIGIÓN DE MARÍA LIONZA

Los venezolanos emplean el término «culto» para referirse a la devoción a la diosa María Lionza y sus cortes. Los investigadores, los creyentes y el público en general así lo denominan. Sin embargo, el estatuto de religión no debería ponerse en duda a la hora de definir esta práctica religiosa, porque María Lionza reúne los elementos necesarios para ser considerada como religión: un panteón de dioses, un cuerpo sacerdotal, un dogma (mitos de fundación, leyendas, etc.), ritos y ceremonias, lugares de culto, una simbología y un calendario ritual, elementos todos que conforman, de acuerdo con los presupuestos de la Antropología, una religión. Se trata de un sistema religioso de gran complejidad y de grandes posibilidades de transformación que funciona, para la mayoría de los investigadores, como un sistema «terapéutico» en el que el cuerpo, más exactamente, la enfermedad, ocupa el lugar central.

La religión de María Lionza tiene sus raíces en las creencias y religiones de los aborígenes de Yaracuy. Conoció un primer momento de desarrollo con la explotación petrolera, y más tarde, durante la dictadura de Pérez Jiménez, tuvo un notable florecimiento. Como sabemos, el programa cultural de la dictadura conocido con el nombre de «Nuevo Ideal Nacional» se centró en un discurso sobre el mestizaje que exaltaba las tres «razas» que participaron en la conformación de la sociedad venezolana. De este modo, el negro (Felipe, Miguel, Negro Primero, Negra Matea), el indio (Guaicaipuro, Tamanaco, Tiuna y demás caciques) y el blanco, representado en este caso por una mujer (María Lionza: Virgen de Coromoto o princesa indígena), que ya eran objeto de devoción popular, fueron elevados a símbolos y emblemas de la nacionalidad. En esta representación simbólica del mestizaje venezolano podemos observar que, mientras el lugar del indio y del negro están definidos por figuras históricas, el lugar que ocupa la mujer blanca es ambiguo.

De acuerdo con las diferentes versiones del mito que comenzaron a circular durante los años cuarenta-cincuenta del siglo XX, la mujer blanca se corresponde con la encomendera española (o hija de españoles) María Alonso, personaje legendario, convertida luego en una diosa, María Lionza, que recorre la selva montada en una danta (u onza) y persigue a los que se atreven en su reino. Según otra versión, es una princesa indígena, hija de un cacique de la tribu de los indios Nivar del estado Yaracuy, raptada por la terrible serpiente Anaconda, que vivía en el fondo de la laguna (de Valencia). Una tercera versión nos dice que la propia Virgen de Coromoto es María Lionza, que se le apareció a los indios en 1651... Una ambigüedad pesa, así, sobre la tríada mestiza (Guaicaipuro-María Lionza-Negro Felipe), matriz de esta religión, que los devotos denominan «las tres potencias», específicamente en el lugar central, el lugar ocupado por el blanco, por una blanca en este caso... como si el elemento español impuesto a las creencias no terminara de asentarse y fuera continuamente desplazado por otros significantes. La pregunta ¿quién es María Lionza? no tiene, entonces, una sola respuesta: ¿es una mujer, una diosa, una princesa?, ¿es una española, una Virgen católica, una india? Su rostro semeja una reina o una Virgen coronada que muchos adeptos asocian con la Virgen de Coromoto, consagrada como patrona de Venezuela por la misma dictadura de Pérez Jiménez el 11 de septiembre de 1952 en la ciudad de Guanare, estado Portuguesa. «Ella es blanca pero es la reina de los indios», responde una devota dando cuenta, mediante la conjunción adversativa «pero», de esa ambigüedad que pesa sobre ella. Todas las versiones del mito son el mito, nos dice Lévy-Strauss[63]: cada devoto, cada centro, cuenta una historia de María Lionza según su convenien-

---

63   Cl. Lévy-Strauss, *Antropología estructural*, pp. 199: todas las versiones del mito son el mito; significa asimismo que no hay mito original, y que sus distintas versiones pueden coincidir en un tiempo y en espacio determinado.

cia y sus necesidades. La plasticidad de esta religión ha sido señalada por todos los investigadores:

> Lo importante en todo este proceso es ver cómo, poco a poco, los significantes religiosos se transforman, coincidiendo generalmente estos cambios con la modificación de las relaciones sociales de producción imperantes. El culto a la Serpiente Arco Iris es sustituido por el culto a la Diosa Indígena, que abre paso a la Mujer Blanca y, en fin, a la Virgen. Esta última sirve incluso posteriormente para dar una representación más visible a otra idea más abstracta: la de la Patria[64].

El mito de María Lionza, como tal, ha ejercido una fuerte atracción en los intelectuales y artistas desde los años cuarenta y, muy especialmente, durante la dictadura de Pérez Jiménez, para aglutinar a la nación en torno a una diosa «autóctona». El rito, en cambio, que hasta hace unas décadas era practicado mayormente por las clases menos favorecidas de la sociedad venezolana, ha sido perseguido y combatido, especialmente por la Iglesia católica, y más recientemente por las iglesias evangélicas, como hemos visto en el apartado concerniente a las iglesias evangélicas. La promoción del mito y la persecución del culto que tuvo lugar, sobre todo en la época de la dictadura, le permiten a la antropóloga Daysi Barreto hablar de una ruptura entre el mito y el ritual. En su trabajo *María Lionza: Genealogía de un mito,* señala que los intelectuales y artistas se interesaron en el mito y los devotos siguieron practicando un culto que tiene sus raíces en las creencias indígenas. Hoy día, las diferentes versiones fabricadas del mito, sean anónimas o compuestas por intelectuales de nombre y apellido, como Gilberto Antolínez y Herman Garmendia; se encuentran en folletos y publicaciones económicas que se adquieren en las tiendas esotéricas y en algunas librerías del centro de Caracas, por lo que son ya conocidas de la mayoría de los devotos. Y en lo que respecta al culto, este no hace sino expandirse cada vez más y cuenta actualmen-

---

64   G. Martin, *Magia y religión en la Venezuela contemporánea,* p. 153.

te entre sus devotos a representantes de todas las clases sociales del país.

Las distintas versiones e interpretaciones fabricadas por intelectuales y artistas se hicieron, no solo para promover un mito nacional, sino también para recalcar el carácter latinoamericano y universal del mismo. Las obras del pintor Pedro Centeno Vallenilla y del escultor Alejandro Colina con su «María Lionza montada en la danta», cuya réplica se alza en la autopista Francisco Fajardo de Caracas, dan cuenta de la exaltación de la figura de los héroes de la Independencia, de los caciques y de María Lionza como símbolos de identidad. Se hizo énfasis, a la vez, en la semejanza de la diosa María Lionza con otras diosas amazónicas, como la diosa Yara, chorar (epónimo del estado Yaracuy), y también con las diosas griegas Afrodita y Artemisa, con las que comparte la voluptuosidad de la primera y el carácter indómito y selvático de la segunda.

El «hacedor» de la versión más conocida del mito de María Lionza es Gilberto Antolínez (1908-1988), un conocido estudioso y recopilador de las tradiciones venezolanas en su época. Su versión del mito de María Lionza fue publicada en el periódico *El Universal* el 6 de mayo de 1945. El relato, que se reproduce total o parcialmente en la mayoría de los libros que se refieren a esta religión venezolana, no ha sido objeto de análisis e interpretación, tal vez por tratarse de un mito hasta cierto punto «fabricado» por Antolínez. Otras versiones, como la de H. Garmendia, por ejemplo, revelan demasiado la mano fantasiosa del autor. Los antropólogos, más interesados en la práctica y comportamiento de los devotos de María Lionza, se han dedicado mayormente al estudio de los ritos y de las prácticas de esta religión. En este trabajo, que tiene como tema el imaginario religioso de los venezolanos, creemos importante reproducir el mito de María Lionza en su integridad, tal como lo publicó Antolínez:

Mitología yaracuyana. La Hermosa Doncella Encantada de los Nivar.

Los naturales del Distrito Nirgua del Estado Yaracuy, suelen narrar esta curiosa leyenda acerca de la laguneta de la ciudad de Nirgua y cuyo

*origen debemos buscar ciertamente en el acervo mental de los indios jira-
jaras, sin olvidar la influencia que los españoles y africanos que ocuparon
el sitio puedan haber ejercido en la narración original.*

*De mozo oí contar que los Indios Jirajara-Nivar en una fiesta de fin de
la cosecha recibieron de su gran piache un doloroso presagio. Decía el mismo
que viniendo los tiempos nacería una doncella, hija de cacique, con los ojos
de tan extraño color que de mirarse en las aguas de la laguna, jamás podrían
distinguirse las pupilas. Tan pronto como esta mujer de ojos de agua se viese
espejeada en alguna parte, por el doble hueco de las niñas de la imagen, iría
saliendo una serpiente monstruosa, genio de las aguas, la cual causaría la
ruina perpetua y extinción de los Nivar. Grande fue la aflicción de aquella
altiva tribu. Pero pasó el tiempo, y todos los caciques, cada vez que nacía
una niña, pasaban temores sin cuento hasta que se les anunciaba que, como
siempre en las mujeres de su raza, la recién nacida tenía los ojos negros.*

*Pero llegó al cabo el mal tiempo indicado por la profecía. Poco antes
de la invasión española, un cacique Nivar tuvo una hija con las pupilas de
un vario y hermoso color verde, color de aguamarina, color de jade, color
de piel de culebra verdegay. Grande fue la estupefacción del cacique. Sus
tributarios le exigieron que se les entregase la niña para ser sacrificada al
genio, al «dueño» tutelar de la laguna, la enorme serpiente anaconda de
las aguas. Mas el jefe jamás se decidiera. Como pudo se libró de los des-
contentos que, desde aquel día, comenzaron a formar disensiones dentro
de la hasta entonces bien unida tribu Nivar. El jefe decidió recluir a la
doncella en un lugar secreto bajo la guarda de veintidós jóvenes guerreros.
Allí fue creciendo en gracia y hermosura, ganándose la simpatía de todos,
pues sus maravillosos ojos de berilo exhalaban destellos encantados. Tenía
una belleza fatal y sonámbula, algo reptilíneo, al destacarse sobre el marco
canela de su cara de india. Eran como dos piedras preciosas engastadas en
la morena ladera de algún picacho de la montaña Nivar.*

*A nadie más que a su madre y a sus veintidós guardianes podía ver
la moza de los ojos fatales. Llegó así a la pubertad y su confinamiento se
hizo más severo aún, al ser sometida a las ceremonias de purificación para
alejar, de la adolescente que pasa a mujer, la influencia de los malignos*

espíritus serpientes. Le estaba prohibido desde su nacimiento poseer cualquier lámina brillante que pudiera hacer la función de un espejo, asomarse a corrientes de agua o vasijas, salir a plena luz si la lluvia había formado charcos de agua sobre el suelo.

Mas, un mal día, un mal sueño acometió a los veintidós guardianes, producido por el vaho de la sierpe de las aguas, que clamaba su víctima anual, la doncella consagrada que en la linfa encantada de la laguneta lanzaban los hechiceros de la tribu. La niña de Ojos de Agua salió a tientas, pues sus ojos no se acostumbraban muy bien a la luz libre, hasta que logró sentarse en el borde mismo de la charca sagrada. Estaba el agua quieta, con una hierática quietud rebuscada, con una quietud que ni una ocela abría siquiera su círculo mudo sobre el agua verde. La doncella miró. Veía su cara por primera vez, su gloriosa cara redonda armoniosa, su boca tentadora, su barbilla soberbia. Pero, ¡ay dolor!, en vez de pupilas solo notaba dos cuévanos profundos, un par de abismos por donde se asomaba el misterio del otro mundo, del mundo de los dioses y de los muertos.

La niña quedó fija. Nada podía apartarla de contemplar aquellos dos abismos encantados de sus ojos en el reflejo acue. Mas de pronto, por ellos empezó a surgir un movimiento, un borbotar ebullescente de las aguas, un creciente movimiento en remolino. El doble vórtice se agrandaba, crecía mientras los peces huían aterrorizados del sitio cada vez más amplio del reflejo. Este fue tomando forma, el rostro de la niña en la linfa espumeante fue adquiriendo dintorno de serpiente: primero, dos ojos metálicos, de brillo frío adamantino, impresionante; luego, el cuerpo creciendo en espirales, una sobre otra, una sobre otra, una sobre otra, y, finalmente, el extremo afilado de la cola, batiendo espuma contra el agua hirviente tonante, levantando cabrilleos de luz que llenaban el cielo de pálidos reflejos. El monstruo intacto, inquietante, estaba allí. La anaconda, «dueño del agua». La doncella dio un grito que retumbó en toda la falda de la sierra Nivar, y se sumergió en las aguas en el sitio preciso en que estuvo el pavoroso reflejo de sus ojos.

Al grito despertaron los veintidós guardianes[65] *los cuales buscaron a la amada Ojos de Agua, mas en vano. Locos de terror a un cataclismo mágico, llegaron hasta la laguna, mas en vez del cuerpo de la niña adorada encontraron al Dueño del Agua, soberbio, espumeante, airado en su reino batiendo la cola sobre el agua subiente. La laguna extendía su contorno, en espiral marcada por el moverse de la cola del monstruo, iba rellenando la concavidad en donde se había formado con los siglos hasta desbordarse como la copa rebosante de un ebrio.*

Los Nivar huían de la inundación terrible. Casas, templos, sembrados, todo era arrasado por el monstruo inmisericorde de las aguas. Este asomaba su horrible cabeza verdegay sobre las lamas y abría sus fauces, cerro abajo, hasta ir a espumear más lejos hasta la selva de Sorte hacia el noroeste, y hasta las aguas del lago de Tacarigua hacia el nordeste.

Tanto creció que su poder vital se escapó de su cuerpo distendido por el ansia de crecimiento inmoderado. Y la sierpe estalló, dando un gran coletazo, vibró, se desmadejó y quedó inerte con la cola en Sorte, cerca de Chivacoa y la cabeza en Tacarigua donde hoy está el altar mayor de la catedral de Valencia. He aquí la leyenda mestiza de los lugareños de Nirgua[66].

Como podemos observar al leer, hay demasiadas explicaciones y digresiones en la narración que restan fuerza al lenguaje del mito. Los mitos no son textos explicativos, sino relatos que fundan una realidad por medio de un lenguaje propio, en el que la metáfora y la metonimia tienden un puente entre la realidad y el símbolo. Además, los acontecimientos, situaciones y personajes míticos obedecen a leyes distintas de las del mundo profano, que se expresan generalmente en la relación causa-efecto. Muchos mitos indígenas americanos cuentan la transformación de los seres humanos en animales (reptiles, peces, mamíferos) y viceversa. La presencia de un diluvio —destrucción del mundo por las aguas—

---

65   *Una narración posterior oí en que los guardianes son 44 : 22 mozos y 22 doncellas; los 22 hombres se transformaron en 22 ríos y las 22 muchachas en los 22 ríos del lago de Tacarigua.* (Nota del original).

66   Esta versión completa del mito la hemos tomado del trabajo *María Lionza: Genealogía de un mito,* de Daysi Barreto, pp.15-17.

es un tema universal de las mitologías de todos los tiempos. ¿Qué tenía Antolínez en mente cuando compuso el mito? No lo sabemos, pero sí es sincera su intención de construir una narración que parta de la cultura aborigen y resalte algunos elementos pertinentes como la iniciación de las jóvenes al llegar a la pubertad, el valor de las lagunas y del «dueño del agua», tan popular en nuestra tradición oral, pero además, hay en el mito una evidente oposición entre los guerreros dormidos y la doncella despierta cuyos ojos-cavernas no ven sino la muerte, clara alusión a la destrucción de la cultura indígena y a su supremacía y sobrevivencia en la forma simbólica de una deidad-serpiente de las aguas.

Leamos ahora la narración de un campesino, y observemos el juego complejo del lenguaje que oscila entre lo revelado y lo oculto sin adelantar explicaciones:

… la hija de un cacique indio… Tenía una corona de oro, con un lazo encima, que solo se ponía cuando se paseaba por la orilla del lago (de Valencia). Pero un día su padre la desposó con un cacique lejano, con el que tuvo que marcharse para no volver nunca más. La noche antes de marcharse la india, hubo una tempestad como nunca. Las aguas del lago se levantaban y los palafitos cercanos eran arrasados por ellas. El encanto del lago, porque este lago tenía un encanto también, vio caer al agua la sangre de los heridos, vio también a la hija del cacique que estaba de pie junto al agua, aquí, en esta misma península del Araguato. El espanto quedó quieto, viéndola, viéndola, antes de marcharse para siempre. La india se acercó más y más para meterse en el agua hasta las rodillas. Los rayos la iluminaban. Llevaba puesta la corona de oro con un lazo encima. Levantó los dos brazos y se la quitó de la cabeza. Después, la tiró con todas sus fuerzas… es una serpiente de más de treinta metros que trajina de las Brujitas a Rincón Grande, porque solo allí, donde hay más de sesenta metros de profundidad, puede estar[67].

---

67   R. Delgado. «Tradiciones venezolanas. El encanto de la laguna de Valencia». *El Nacional*, 4 de julio de 1948. En: D. Barreto. op. cit., p. 18.

Como un ejemplo de la pervivencia, todavía en nuestros días, de las narraciones de encantados y dueños de agua (de lagunas y ríos), leamos el siguiente «cuento» recogido en el caserío de La Laguna del estado Monagas, en el año 2009:

Nosotros vivíamos en esa casa y mi hija menor, que era Maribel, ella estaba como asombrada, y ella decía que ella veía una culebra, y a nosotros se nos suponía que podía haber sido el encantao que se la quería llevar porque ella salía corriendo directo a la laguna y uno tenía que agarrarla fuerte para que no se nos saliera y ella decía que la culebra ahí está, ahí está, ahí está, y nosotros pensamos que era el encantao que se la quería llevar, ¿ve?, porque ya había la historia de que el encantao se llevó a una niña de dos años, que se la llevó y pasó todo el día, como doce horas esa niña por ahí, Omaira, doce horas esa niña descalza, y esa niña la encontraron en un cerro donde había espinas, bueno pues... Que no pasaba nadie por ahí, y ella pasó por ahí, como un viento, el encantao se la llevó y también hay mujeres aquí, por lo menos Rogelia, ella iba a llevarle el desayuno al papá para el conuco, y ella dice que cuando ella vio para la laguna vio la cabeza de una culebra que tenía unos ojos como de caballo y arriba tenía dos cachos, ahí en la laguna y Zenaida mi hija también la vio, también la vio, eso no es a todo el mundo que le sale, eso es a algunas personas que le sale esa cabeza ahí ¿ve?[68].

El trabajo de la antropóloga Daysi Barreto es el resultado de una minuciosa investigación de archivos que da cuenta de la filiación cultural del culto de María Lionza con los grupos indígenas pertenecientes a la región centro-occidental de Venezuela, jiraharas, caquetíos, entre otros. El estudio de las colecciones de cerámica (vasijas rituales y funerarias con decoraciones de serpientes, como la conocida «Fuente de las Serpientes» y la «Urna funeraria» que se encontraron en cuevas y lagunas de la región) complementa la investigación de los documentos

---

68   M. Allais y otros, *Memorias de la Laguna*, p. 95.

históricos y permite establecer la continuidad de las prácticas rituales a lo largo de los siglos, desde los aborígenes hasta sus descendientes actuales, los campesinos mestizos. Por otra parte, el análisis de los documentos históricos de los siglos XVI al XVIII permite comprobar también la resistencia que los indígenas opusieron a su catequización y su renuncia a abandonar sus creencias y cultos a entidades acuáticas y selváticas que, todavía hoy, sobreviven. De la lectura del trabajo de Barreto se desprende que la continuidad de las prácticas rituales puede ser establecida a partir de un culto, muy extendido en la región centro-occidental, a las serpientes[69], que se practicaba en las cuevas de esta región, que tenía, además, varios centros importantes de culto: Nirgua, Chivacoa, el lago de Valencia, entre otros.

Se infiere de la lectura del trabajo de Barreto que la fuente del mito, incluso de las versiones «fabricadas», como la que hiciera Gilberto Antolínez, está en esa tradición indígena que tiene como centro el culto a las serpientes, de acuerdo con lo que revelan los trabajos arqueológicos. A partir de la identificación de esta tradición indígena, Barreto traza la genealogía del mito y analiza las diferentes versiones de la leyenda de María Lionza, india o española que, montada en una onza, danta o jaguar, recorre la selva yaracuyana y llega como mujer, serpiente, ángel o demonio hasta nuestros días:

> A principios de este siglo [XX], la leyenda y la creencia de María Lionza tenía como centro de irradiación la ciudad de san Felipe en Yaracuy y pueblos vecinos como Chivacoa, situado frente a la montaña de Sorte que actualmente es el centro ceremonial más importante del culto en el país. En estos años, en la tradición oral, María Lionza, como toda figura mítica muestra rasgos ambivalentes. Es una dama española (María Alonso) que

---

69   Al analizar el culto de María Lionza, G. Martin compara algunos de los mitos asociados a las serpientes en Australia, África y América, y llega a la conclusión de que la serpiente es, fundamentalmente, un símbolo de fertilidad (asociado a lluvias, lagunas y al arco iris) y de inmortalidad, por su capacidad de mudar de piel y de ser un animal prolífico; así la anaconda que puede tener hasta 40 hijos. Pero también la serpiente puede ser el Padre o la Madre fundadora del grupo, preside la iniciación de los adolescentes y es símbolo de la bisexualidad: fálica y devoradora a la vez. G. Martin, op cit., Cap. II.

fue la antigua propietaria de grandes extensiones de tierra en el Yaracuy, y con quien se hacían «pactos» para obtener riqueza; y, a la vez, es una india (María de la Onza), hija de un cacique de las antiguas tribus de la región (caquetíos o jirajaras), que vivía como «encanto» en forma de culebra en el fondo de las aguas y que por las noches cabalgaba sobre una danta. Además, presenta una segunda ambivalencia que se refiere a su personalidad dual o a los dobles atributos que la creencia popular le ha asignado. Es una entidad o diosa bondadosa, considerada por la gente protectora de la naturaleza, de los animales y las cosechas y, a la vez, es una fuerza o espíritu con la que se hacen pactos con los que castiga y desgracia a los que no los cumplen. Una última expresión de ambivalencia se manifiesta en las oposiciones de clase o la doble utilización del culto. En las primeras décadas de este siglo, los terratenientes participan del culto con el fin de sustentar su poder y mantener sus posesiones; y los campesinos (en su mayoría indios y negros más o menos mestizados) siguen tomando parte en el culto para resistir y, en ocasiones, enfrentar el yugo que los mantiene atados a los «Don» o caudillos locales. Esto no significa necesariamente una oposición abierta entre campesinos y terratenientes o entre asalariados y patrones. A través de esta doble utilización del culto se manifiesta de manera clara el carácter ambivalente de la figura de María Lionza[70].

Posteriormente, el trabajo analiza los procesos que hicieron del mito y de sus figuras asociadas (el indio y el negro) una representación simbólica de la identidad venezolana a partir de los años cuarenta. Los caciques aborígenes, los héroes nacionales, los negros cimarrones y rebeldes, y las figuras emblemáticas del catolicismo popular, como la Virgen de Coromoto, concurrieron en la formación del mito que exaltaba el nacionalismo y servía de basamento a una concepción del mestizaje para conformar una imagen de integración nacional. Así, se demuestra cómo el mito ha sido objeto de manipulación política desde los años cuarenta, y concretamente durante la dictadura de Marcos

---

70   D. Barreto, op cit., p. 37.

Pérez Jiménez. Por otra parte, el papel que los intelectuales y artistas han jugado en la conformación del mito se estudia en las figuras principales de Gilberto Antolínez, y también del pintor Pedro Centeno Vallenilla y del escultor Alejandro Colina, hacedores también del mito, que recrearon en sus obras a los caciques y a Maria Lionza, para ofrecer una representación simbólica del país en la que todos los venezolanos encuentran lugar, aunque el culto, como señala Barreto, haya sido, paradójicamente, perseguido en ese mismo momento: se exalta al mito pero se persigue y se encarcela a los «brujos» que lo practican.

En su recorrido por el proceso de conformación de esta religión, Barreto hace énfasis en la plasticidad del mito, que ha permitido que los diferentes actores sociales se representen en él, y señala los tres paradigmas a los que se asocia simbólicamente la figura de María Lionza: el paradigma de la autoctonía, en el que María Lionza representa nuestro origen indígena. Segundo, el paradigma de la tierra, que la proyecta como símbolo de la Patria o de la Nación venezolana. Y tercero, el paradigma del mestizaje cultural y biológico, en el que María Lionza encarna los diversos orígenes (indio, negro, blanco y mestizo, incluyendo, a partir de los años cincuenta, al creciente número de descendientes de inmigrantes europeos)[71]. Para la antropóloga, el carácter terapéutico del culto, el curanderismo, no era tan importante en su origen, pues el culto, a semejanza de otros que han aparecido en diversos contextos coloniales, «responde a la necesidad de expresar una resistencia y afirmar una identidad a nivel individual y colectivo». Es importante destacar el señalamiento que hace Barreto respecto a la gran masa que vive el mito: los practicantes –dice– no se interesan por el futuro sino por la historia pasada y el presente inmediato: «Respecto a la relación que los practicantes mantienen con el pasado, se podría decir que caminan para atrás, mirando el pasado»[72].

---

71   D. Barreto, op. cit., p. 94.
72   Ibídem, p. 298.

Las deficiencias en los servicios, sobre todo en el sistema médico-asistencial y el deterioro general de las instituciones públicas en el país obligaron a los creyentes, sobre todo a los que pertenecen a las clases más desfavorecidas, a ocuparse de la enfermedad, de las penurias económicas, de la violencia, de los problemas familiares, de manera cada vez más urgente. En consecuencia, a partir de los años cincuenta-sesenta del siglo pasado, el curanderismo fue adquiriendo una importancia cada vez mayor en la práctica popular del culto: la Corte Médica comenzó a orientar la vocación terapéutica de los centros y a proponer diversos rituales de curación para los necesitados: «cada uno de los que practican o asisten al culto desea ser protegido, liberado o curado»[73]. Con el tiempo, la curación ha ido ocupando un significado central en el culto, mientras el mito se ha visto relegado a un segundo lugar en el quehacer religioso de los fieles:

> Hoy día, de hecho, no hay más un mito oficial de María Lionza, se pueden ver solamente las huellas de este mito en la escultura de María Lionza montada sobre la danta (…). Lo que no quiere decir que en coyunturas, como las de las elecciones actuales (...), al igual que en el pasado, ciertos grupos políticos utilicen estas figuras (del culto) para exaltar el nacionalismo y el patriotismo, mostrándose como los continuadores, por ejemplo, de Bolívar, y como los «elegidos» para la misión de libertar y redimir al pueblo venezolano de sus males y penalidades[74].

La religión de María Lionza ha tenido una gran vitalidad en los últimos tiempos, incorporando dentro de su panteón religioso, a través de lo que se conoce como «líneas» o «cortes», numerosas divinidades, santos y dioses procedentes de otras religiones. No creemos que todas las religiones politeístas, al menos las del Caribe, que son las que conocemos más de cerca, tengan esta apertura y vitalidad. En el panteón

---

73   D. Barreto, María Lionza. *Genealogía de un mito*, p. 299
74   D. Barreto, op. cit., p. 300.

de la religión de María Lionza todos los dioses tienen cabida, pero también las etnias y clases que conforman al país, desde los indígenas que se agrupan en la Corte India con sus caciques principales (Guaicaipuro, Tamanaco, Paramaconi, Chacao, Sorocaima…); los esclavos que participaron en las luchas de Independencia con la Negra Matea, el Negro Miguel y Negro Primero a la cabeza; la Corte Libertadora, que incluye a los héroes de la Independencia y está regida por Simón Bolívar; la Corte Médica, presidida por el Dr. José María Vargas y que incluye a otros ilustres médicos venezolanos como Razzetti y José Gregorio Hernández[75]; la Corte de los Donjuanes o de los Encantos[76] (don Juan del Dinero, don Juan del Tabaco, don Juan del Amor), hasta la Corte Malandra que, como su nombre lo indica, incluye a los delincuentes muertos por la justicia que vienen a alertar y a reconvenir a los jóvenes que se desvían de la norma social. Además de estas cortes de personajes históricos venezolanos divinizados, junto con los Donjuanes y Encantos de nuestra tradición oral, la religión de María Lionza, como se ha señalado, tiene un sinnúmero de cortes de espíritus, santos y dioses de otras religiones incorporados también a su panteón: la Corte Celestial, que rige Jesucristo e incluye a los santos y santas católicos; la Corte Africana, que incluye a las «Siete potencias» de la santería (Obatalá, Ogún, Shangó, Yemayá, Ochún, Orula y Eleguá); la Corte Vikinga[77], que agrupa a los espíritus vikingos, conocidos por su fero-

---

75   Para G. Martin, la llegada de la democracia coincide con el surgimiento de nuevas creencias, dentro de las cuales tendrá especial importancia la del Dr. José Gregorio Hernández (1864-1919), quien desarrolla su obra durante la dictadura de Gómez. Símbolo de las nacientes clases medias venezolanas, con todos sus dramas y contradicciones, el médico-santo sería una figura propia de una sociedad de transición, de una sociedad tradicional o precapitalista sometida compulsivamente al desarrollo capitalista. G. Martin, op cit., p. 260.

76   La creencia en la naturaleza habitada por entidades sobrenaturales —dueños, encantos, fuerzas o espíritus de los bosques, selvas, montañas, cerros, ríos, lagunas— son equivalentes a los llamados «don Juanes» en el culto de María Lionza, figuras principales del panteón religioso de principios del siglo XX. Su número ha ido aumentando progresivamente, lo que parece responder, como lo evocan sus nombres —don Juan del Deseo, don Juan del Dinero, don Juan del Odio, don Juan del Amor— a las necesidades más perentorias de los fieles. D. Barreto. op cit., pp. 30-31.

77   Películas sobre vikingos eran muy populares durante los años cuarenta y cincuenta. Estos fieros guerreros navegantes debieron impactar al público de los cines populares de las ciudades venezolanas.

cidad. En otras cortes encontramos a Cleopatra, la reina Guillermina de Holanda, Stalin, Hittler[78]… Se trata, como dijimos, de una religión muy compleja, cuya capacidad fundamental es la de integrar creencias, dioses, cultos y rituales en un solo sistema. Al mismo tiempo, integra también solidariamente a los devotos, a los «bancos» y a las «materias» que ofician en los diferentes rituales[79], y tiene seguidores en todas las esferas económicas y sociales del país, pues se adapta a los recursos del individuo, según el lugar donde funcione el «centro»[80]. Entre los clientes de los centros, anota A. Pollak-Eltz, se encuentran miembros de la pequeña burguesía y de las clases superiores, actores de cine y de televisión, periodistas y «semiintelectuales». Hemos encontrado también algunos pequeños comerciantes y artesanos italianos o españoles entre los adeptos. En los centros abiertos a una clientela de mayores recursos, el comportamiento de los médiums es más refinado e inhibido que en los centros frecuentados por «el pueblo», no se usa el lenguaje vulgar y el consumo de aguardiente se limita a algunas libaciones[81].

Para la antropóloga Jacqueline Clarac, que estudió la religión de María Lionza en la región andina, esta religión ha estado siempre rela-

---

78   La inclusión de estos personajes en la religión de María Lionza se debe a una concepción de la magia que afirma que ella se rige por el principio de acumulación: mientras más, mejor. La magia carece de toda connotación moral. Se trata de poner a los dioses, espíritus o entidades a mi servicio, y mientras más poder tengan, mejor, porque mejores serán los resultados.

79   La «materia» es el hombre o la mujer que recibe y se posesiona del dios o espíritu y actúa como tal. La materia es el poseído, es una persona que se ha desarrollado espiritualmente a fin de poder recibir a las «entidades». Se puede decir que las materias son especialistas en una entidad, esto es, que se consagran a una de ellas, son «materia» de una entidad. El «banco» es la persona iniciada en la religión de María Lionza que sirve de intermediario entre el espíritu y la materia. Interpreta los mensajes del espíritu y los escribe en un cuaderno junto con las recomendaciones. El banco entiende el lenguaje de los espíritus. Es el organizador del ritual. Cada materia tiene su banco. El banco conoce la parafernalia, el carácter y las costumbres de cada entidad o espíritu: el alcohol que bebe, los cigarros que fuma, su vestimenta, etc. Algunos estudiosos hablan de «sacerdotisa» para referirse sobre todo a las mujeres que ejercen de «bancos». Los devotos no hablan de sacerdotes ni de sacerdotisas. A la única que llaman sacerdotisa es a Beatriz Veit-Tané, que pretendió en los años sesenta organizar un culto único que ella presidiría. Información suministrada por Daysi Barreto en entrevista de junio de 2009.

80   El «centro» es una de las habitaciones de la vivienda destinada al culto. En ella está el altar y es el lugar donde se realizan, generalmente, las consultas privadas.

81   A. Pollak-Eltz, *María Lionza, mito y culto venezolano*, p. 90.

cionada con el fenómeno de la enfermedad. La enfermedad constituye el eje alrededor del cual se ha elaborado y se elabora esta religión en permanente formación. De este modo, «la curación de los enfermos» universalmente presente en los sistemas religiosos del mundo, revelaría así la clave de la importancia del fenómeno religioso en la sociedad[82]. La socióloga Nelly García Gavidia también plantea que la curación de la enfermedad es la demanda principal de los adeptos del culto y que el significado fundamental del culto de María Lionza está en el curanderismo. En su libro *El arte de curar en el culto a María Lionza*, publicado en 1996, desarrolla tesis similares a las de la antropóloga Jacqueline Clarac. Ambas sostienen que las fallas y deficiencias del sistema médico-asistencial venezolano obligan a una población desasistida a buscar a los curanderos, no en forma exclusiva, agregamos nosotros, pues sus propias investigaciones señalan que los creyentes acuden, a la vez, a los curanderos y a los médicos.

La religión de María Lionza es una religión de éxtasis[83] en la que los dioses se posesionan del cuerpo del creyente para dar consejos, dirigir una operación mágica o proceder a los rituales de curación. El trance místico constituye el objetivo central de esta religión cuando los dioses, santos o espíritus bajan (es decir se incorporan en las «materias») para dar instrucciones a los «bancos» que interpretarán sus mensajes.

Si bien la religión de María Lionza comprende diferentes rituales, nosotros pasaremos a describir un ritual de curación, pues son los más comunes dentro de este sistema religioso: un ritual de curación comienza cuando el devoto acude a un centro en busca de ayuda. La consulta se inicia, obligatoriamente, con un rito de adivinación para identificar el mal. El rito inicial consiste en «fumar el tabaco» para dar comienzo a la sesión, alejar a los malos espíritus e invocar a los buenos. De aquí se pasa a la «lectura del tabaco» para diagnosticar el mal. Diagnosticado el mal, se recomiendan diferentes ritos de curación pro-

---

82   J. Clarac, *La enfermedad como lenguaje en Venezuela*, p. 125.

83   Religiones de éxtasis son las que promueven el trance y la posesión por los dioses o espíritus. Cuando el dios se apodera del cuerpo del devoto, el trance termina y estamos frente a la posesión.

piamente dichos: el «despojo», el «ensalme» o la «limpieza», que son ritos para proteger o curar a los niños del «mal de ojo» y, en general, para «botar» el mal. Un tipo de «limpieza» muy recomendado son los «baños» que practicará el devoto en su casa con distintas hierbas. Entre todos estos rituales se destaca, especialmente, el rito de «velación» o «velatorio», ritual de muerte y resurrección para la curación de enfermedades graves. Consiste en colocar al enfermo dentro de un círculo de velas encendidas, y rociar su cuerpo con esencias, en presencia de varios chamanes que fuman tabaco a su alrededor. Para cada ritual hay especificaciones en cuanto a perfumes, esencias, sales, piedras, metales, amuletos, velas, utilizadas para cada caso y según la dolencia, física o espiritual, del enfermo.

Todos los investigadores de la religión de María Lionza que hemos reseñado han coincidido en que la africanización del culto comienza alrededor de los años sesenta cuando se introducen, a través de la Corte Africana, nuevas divinidades y espíritus tomados de la santería cubana principalmente y de otros religiones afrocaribeñas, como el vodú haitiano. Angelina Pollak-Eltz señala en su libro que muchos adeptos del culto de María Lionza pretenden que las «Siete potencias africanas» son más poderosas que los espíritus autóctonos. No tenemos datos actualizados sobre el particular, aunque Yolanda Salas, como veremos más adelante, también se refirió en sus trabajos a la hegemonía de los espíritus africanos y vikingos en algunos centros de Caracas. Aún es prematuro para afirmar si la popularidad de las Siete potencias africanas (Obatalá, Orula, Shangó, Ogún, Eleguá, Ochún y Yemayá) se debe a las actuales circunstancias políticas del país, que favorecen la estadía y contratación de funcionarios de la isla de Cuba y fomentan viajes hacia la vecina isla, y si esta popularidad constituye una amenaza para la religión de María Lionza. En conversaciones con los marialionceros y con algunos especialistas, sociólogos y antropólogos, parece ser que los atributos de la reina María Lionza como diosa o entidad protectora de la naturaleza y de los animales frenan la aceptación de los ritos de la santería que incluyen el sacrificio de animales. Algunos devotos han sido enfáticos en este punto y han manifestado su rechazo a una religión que «mata a los animales».

A partir de los años ochenta, el culto de los «muertos milagrosos» del que ya habíamos hablado en relación con el catolicismo popular debe asociarse, según J. Clarac, con la Corte Malandra de María Lionza. Para Clarac, que ha estudiado este culto en la región andina, el carácter antisocial de estos muertos milagrosos es notorio. Los «muertos milagrosos» son, ahora y dentro de la religión de María Lionza, individuos que tuvieron una vida licenciosa (gusto excesivo por las bebidas alcohólicas, gusto por las parrandas, por las mujeres «de la mala vida», inclinación al robo, a las drogas, etc.), y terminaron en una muerte violenta causada, la mayoría de las veces, por enfrentamientos con la policía. La cualidad que los devotos subrayan en estos muertos es la de ser «humanitarios» («era un hombre muy bueno, muy humanitario, en contra de la desigualdad social, ayudaba a los pobres...»; «era un hombre muy valiente, respetuoso de los demás, siempre quiso a su mamá...»). Iguales características tienen los integrantes de la Corte Malandra. Clarac interpreta esta inclusión de espíritus de «muertos» como una respuesta a la violencia y al miedo que caracterizan a la sociedad actual: los personajes violentos y muertos por la violencia tendrían ahora, por el halo que la muerte concede, el poder de ahuyentar la violencia y el miedo, el poder de proteger a los vivos contra ambas, y el poder de luchar contra la angustia que genera una sociedad percibida como poco humanitaria[84]. Por otra parte, la Corte Malandra y los «muertos milagrosos» revelarían la poca asimilación del «catolicismo popular» en gran parte de la población, pues la conducta terrena de estas «entidades» revelaría flagrantes contradicciones con los valores transmitidos por la tradición católica occidental[85]. Cabe también la interpretación que de este fenómeno hace Gustavo Martin al conside-

---

84   J. Clarac, op cit., p. 299

85   Ibídem, p. 305.

rar que la sacralización de los marginados de la sociedad les otorga un prestigio de otro orden, pues son ellos quienes se comunican con los dioses, en el caso de los «bancos», o son objeto de adoración divina, en el caso de los «malandros». Surge entonces una interpretación distinta de la marginalidad y del comportamiento antisocial en la medida en que favorecerían la comunicación con los espíritus y la incorporación al panteón de las deidades, como si se tratara de una compensación, en el mundo imaginario, de las miserias del mundo real[86]. Objeto de reflexión deberían ser estas «innovaciones» religiosas que los investigadores interpretan como salidas desesperadas e incluso «creativas» a la marginalidad y a la violencia incontrolada que padece la sociedad venezolana. Cerramos este punto con una oración que adquirimos recientemente en una perfumería del centro de Caracas, en la que aparece un joven vestido con corbata, lentes oscuros y boina, en actitud retadora. En el reverso de la estampa se lee: «El Ratón Controversial malandro al que se le atribuyen poderes mágicos, inclusive hasta hacerse invisible. De gran calor humano y espíritu de colaboración sin límites. Protege a aquellos que le rezan». Sin comentarios de nuestra parte.

El señalamiento que hacía en su libro Angelina Pollak-Eltz, de centros en los que se vociferaban ideas políticas izquierdistas que exigían la repartición de bienes, el mejoramiento de la situación económica del pueblo y un cambio social radical[87], fue retomado por las antropólogas Nelly García Gavidia, en 1987 y Yolanda Salas, en 1998, respectivamente. En sus publicaciones, ponen en evidencia la relación entre la descomposición social y política del país y el surgimiento durante los años sesenta de la guerrilla. El fracaso de este movimiento insurreccional, las continuas frustraciones sufridas por los estratos de menores recursos, la exclusión de las mayorías del acceso a las condiciones de bienestar social, provocarían la actualización y redefinición de los cultos, proponiendo nuevas alternativas que irrumpirían dentro de la religión

---

86   G. Martin, *Magia y religión en la Venezuela contemporánea*, p. 223.
87   A. Pollak-Eltz, *María Lionza, mito y culto venezolano*, p. 89.

de María Lionza con el fin de adaptarse a las demandas de una sociedad que sentiría el discurso tradicional como nocivo y caduco. Dentro de estas nuevas alternativas y transformaciones, Salas señala, además de la africanización del mito y de los espíritus, la necesidad de los devotos de modernizar los rituales y el sistema de creencias, y la voluntad de los dirigentes de los cultos de minimizar los efectos de la hechicería y de desviar la atención del paciente hacia la interiorización y explicación de sus propias posibilidades psíquicas para curarse[88].

El libro *Posesión y ambivalencia en el culto a María Lionza*, de Nelly García Gavidia, publicado en 1987, es el resultado de trabajos de campo realizados en Cabimas, Chivacoa y Maracaibo, principalmente. Como su nombre lo indica, el libro se centra en los fenómenos de posesión y trance, y en la ambivalencia de las deidades, que no son ni totalmente buenas ni totalmente malas, como corresponde a una religión politeísta, y se refiere también a la ambivalencia de la relación de los adeptos con los oficiantes del culto. Además de reconocer la importancia teórica de este trabajo, nos interesa destacar la tesis que plantea la autora en relación con la expansión de la religión de María Lionza. Ya hemos visto, en páginas anteriores, que la exaltación del mito y la persecución del culto, que proliferaba en todo el país, ocurrieron durante la dictadura de Pérez Jiménez, pero la sola promoción del mito y de las figuras heroicas no explicaría la expansión del culto. La tesis de García Gavidia presenta esta proliferación de los cultos de María Lionza como consecuencia de la emigración de las masas populares del campo para trabajar en la industria petrolera, emigración que ocasionó la pérdida de las referencias tradicionales de los nuevos trabajadores petroleros, con la consecuente transformación de sus vidas. La imposibilidad de controlar las emigraciones del campo a la ciudad se fue convirtiendo en un problema para los sucesivos gobiernos y, con el paso del tiempo, los cinturones de miseria rodearon a los más importantes centros urbanos del país. El segundo factor que invoca

---

88   Y. Salas, «Nuevas subjetividades en el estudio de la memoria colectiva», p. 270.

García Gavidia se refiere al fracaso de la guerrilla y, en general, de todos los movimientos insurreccionales que aumentaron los sentimientos de fracaso, de incapacidad y de desesperanza de aquellos que vieron postergadas sus reivindicaciones de clase. La siguiente cita muestra la relación que hace la investigadora entre la expansión del culto de María Lionza y el diferimiento de las reivindicaciones sociales:

> Esta situación favorece la expansión del culto a María Lionza; la vía mágico-religiosa se convierte en un medio de canalizar toda la posible protesta política de los grupos sociales más desfavorecidos. La práctica del culto tiene una función en el interior de la sociedad misma: la cura, el trance, la posesión y la adivinación sirven de estrategia para desviar la violencia y el disgusto de los grupos sociales.
>
> Tanto el proceso de desestructuración socio-económica, como el desarraigo cultural y la impotencia política, son condiciones para la expansión de una creencia religiosa o de cualquier otra nueva ideología (sea interna o foránea), pero no constituyen las condiciones suficientes. Para su aceptación y popularización es necesario también, la existencia de una mitología especial que sirva de base al conjunto de creencias. Así, al descontento social se añade la esperanza en seres sobrenaturales que socorren al hombre en su sufrimiento y la creencia en un paraíso que sea al mismo tiempo sagrado y profano. Dadas estas condiciones nada ha impedido la popularización del culto a María Lionza y su aceptación en todas las clases sociales permitiendo el agrupamiento de los individuos más allá de las diferencias de clase y sirviendo de mediación estructurante[89].

Si bien la relación entre la emigración de las masas populares del campo para trabajar en la industria petrolera se acepta como causa de la difusión del culto de María Lionza, no sucede lo mismo con la repercusión de la derrota de la guerrilla en la transformación del

---

89   N. García Gavidia. *Posesión y ambivalencia en el culto a María Lionza*, p. 31.

culto[90]. Dentro de este punto tan controversial, será la investigadora Yolanda Salas la que se dedique con la mayor atención a oír la voz de los espíritus y a examinar los aspectos contestatarios de la religión de María Lionza en los últimos años. Para Salas esta religión es un espejo de la sociedad venezolana en cuanto revela las formas que toman la protesta y el descontento social. De este modo, su trabajo puede considerarse un ejemplo pionero del estudio de la relación entre religión y política en nuestro país en la época actual: Salas lee en los cambios y transformaciones de los devotos, en las innovaciones en los ritos y en los panteones, la versión oculta y rebelde de la historia que, de acuerdo con su visión del asunto, aparecen, sobre todo, en el discurso y en la gestualidad de los espíritus que se manifiestan durante el trance. «Y a medida que el entorno se modifica, la religiosidad popular reconstruye su sistema simbólico, recordando o exponiendo las heridas con las que la historia ha sellado al colectivo»[91]. Ha sido particularmente interesante el trabajo que Salas realizó en algunos centros de Petare sobre la importancia que ha ido adquiriendo la Corte Vikinga: esta corte es de creación reciente; aparece en los años setenta y en la década de los ochenta se consolida y se difunde. Los adeptos señalan que los espíritus vikingos son muy fuertes, «cortantes», hasta el punto de que llegan inclusive a chupar la sangre de las heridas que se infringen. Se los vincula con un carácter guerrero, de lucha, de conquista y aventura. Como espíritus fuertes, se les invoca para realizar las curaciones y trabajos más difíciles y, en consecuencia, se les ubica por encima de los espíritus africanos. Los Vikingos encarnan la aspiración máxima de libertad, acción y lucha, de transformación e instauración de otra

---

90 «Las masas populares eran fundamentalmente adecas y se estaban reivindicando en aquel momento. Precisamente, ese fue un factor clave del fracaso de la guerrilla» (conversación personal con la antropóloga María Luisa Allais, en marzo de 2010). «El fracaso de la guerrilla y de los movimientos insurreccionales no es algo que ocupe espacios significativos en las masas populares; la guerrilla es un fenómeno de la élite política vinculada a la militancia de la izquierda radical (Partido Comunista y Movimiento de Izquierda Revolucionaria) que no gozó de simpatías en la población» (conversación personal con el sociólogo Gregorio Castro, en marzo de 2010).

91 Y. Salas, *Una biografía de los espíritus en la historia popular venezolana*, p. 163.

realidad[92]. No fue difícil para la investigadora ver en estos espíritus, en sus gestos y en su discurso un aviso de la violencia que caracterizaría a la sociedad venezolana de los últimos años:

> La corporización de estos espíritus africanos y vikingos se gesta casi paralela al período de pacificación de la guerrilla urbana iniciado por el gobierno del presidente Leoni, y su aceptación colectiva ha continuado fortificándose al mismo paso que la violencia social urbana se ha incrementado. La violencia se manifiesta allí como una estrategia simbólica de progreso y curación para una sociedad enferma. Se la reproduce para dominarla y expulsarla, pero a la vez se la postula como eje modelador[93].

Tal vez Yolanda Salas haya sido la primera en darse cuenta de la inclusión de los espíritus de algunos guerrilleros muertos violentamente en la lucha armada de los convulsionados años sesenta, en el culto. Esta inclusión nos obligaría, sin duda, a revisar la influencia de los movimientos insurreccionales de los años sesenta en la religión de María Lionza, tal como propone García Gavidia en su libro ya citado. Sin embargo, podemos señalar de entrada la diferencia que existe entre relacionar la expansión del culto ocurrida en los años sesenta con el fracaso de la guerrilla, y registrar durante la década de los ochenta-noventa la entrada en el culto de los espíritus de algunos guerrilleros muertos. En todo caso, es este un tema del que no se ha dicho todavía la última palabra.

Salas nos informa en sus trabajos acerca de una jerarquización de espíritus contestatarios que se consolidaría a partir de los años ochenta del siglo pasado: por encima de los africanos estarían los vikingos, por debajo, los guerrilleros, que pertenecen a la historia reciente. La guerrilla se ha convertido, así, en memoria de lo que no fue posible: «debajo de los africanos están los guerrilleros, la frustración. Por encima de

---

92 Y. Salas, *Nuevas subjetividades en el estudio de la memoria colectiva*, pp. 272-273.

93 Y. Salas, *Una biografía de los espíritus en la historia popular venezolana*, p.170

ellos, los vikingos, la aspiración»[94]. Lástima que la muerte prematura de Yolanda nos privó de sus agudos análisis de la sociedad venezolana. La investigadora atendía a la voz, a ese «otro» (espíritu, deidad, entidad) que surge en el trance y se expresa, revelándonos el anhelo y las carencias de los grupos sociales que comparten una experiencia y construyen un mundo en el que afloran contenidos diferenciadores. En otras palabras, para Salas, lo que «dicen» los espíritus es expresión de una subjetividad oculta de gran parte de la población venezolana creyente, que se diferencia o se separa del discurso tradicional político, histórico y religioso sobre la nación. «Divinidades y espíritus forman un panteón organizado y jerarquizado, con campos semánticos específicos que construyen una especial manera de concebir e interpretar la historia (…). Detrás del rito se narra y se dramatiza una conciencia histórica, imaginada y mitificada en la exclusión»[95].

Era necesario conocer la religión de María Lionza en profundidad, sus dioses, sus rituales, el funcionamiento de los centros, el valor del trance y sobre todo, la importancia de la noción de enfermedad que centra todos los rituales a su alrededor, para poder dedicarse, como lo hizo Salas, a las relaciones entre esta religión y las transformaciones de la sociedad venezolana. Sin duda fue Yolanda Salas la que elaboró un discurso sobre las relaciones de esta religión con la sociedad venezolana mostrando cómo y cuánto María Lionza es portadora y proveedora de otro discurso que se contrapone al discurso oficial que hasta hace poco regía a la nación. ¿Qué lugar ocupa la religión de María Lionza, y sobre todo el «discurso» de los espíritus en la Venezuela de hoy día? ¿Necesita este «discurso» seguir ocultándose como lo hizo durante años? Y ¿cuáles son los «valores» vehiculados por esta religión que pasan a formar parte del nuevo discurso oficial del país? Yolanda nos debe estas respuestas, respuestas que ya se anunciaban cuando nos dice que en María Lionza y, sobre todo, a través de esos espíritus «guerreros», «no se trata de civilizar la barbarie, sino de civilizar *en* y *mediante* la bar-

---

94   Ibídem, pp.170-171.
95   Ibídem, pp. 166-167.

barie. Lo primitivo se postula como agente de progreso. Los espacios no son antagónicos sino complementarios. No hay dicotomía sino continuidad, y de la continuidad deviene la posibilidad». Sigue a este razonamiento, la descripción del espíritu de la guerrillera Trina que reproducimos a continuación:

> El lenguaje verbal y gestual del espíritu de una guerrillera entrevistada, Trina, entendido en otro contexto resultaría incomprensible. Por un lado, vestida en túnica satinada roja, con boina militar del mismo color sobre su cabeza e insignia del Che Guevara como distintivo, realiza curaciones y se preocupa por el progreso espiritual y sanación corporal de su paciente; por el otro, al evaluar ella, en situación de entrevista, las masacres acaecidas en Caracas en la revuelta popular del 27 y 28 de febrero de 1989, señala que un pueblo desarmado no debe salir a la calle a enfrentarse con un ejército aprovisionado, pues la lucha en la calle no se realiza con piedras sino con armamento en mano. En consecuencia, allí murieron muchos inocentes[96].

Por último, la religión de María Lionza, como todas las religiones y creencias que resistieron a la imposición del catolicismo o se formaron bajo el ojo vigilante y acusador de la Iglesia católica, realiza sus prácticas y sus ritos en las casas y apartamentos de la ciudad, pues es, fundamentalmente, una religión de la ciudad, aunque tenga un lugar conocido y proclamado de su culto como lo es la montaña de Sorte. Se trata de una religión que, en la ciudad, se oculta a los ojos de la mayoría y se practica en lugares cerrados. Así nació: en las cuevas de Yaracuy, y luego pasó al interior de las casas de las ciudades, y así continúa en los altares de los apartamentos, «el altar de la Reina», en el cuarto, protegido de la mirada del extraño.

Sin embargo, además de estos centros que ofician en las casas de los bancos, el culto también se practica en los llamados «portales», ubicados en lugares naturales, montañas, ríos, cuevas. Crecen cada año

---

96   Ibídem, p. 171.

los portales de la montaña de Sorte, lugar sagrado por excelencia de esta religión, pero también los hay en Agua Blanca (estado Portuguesa), Quibayo (cerca de Sorte), la Cueva del Indio (Caracas), la cueva de Guaicaipuro (estado Miranda).

Más recientemente, en los alrededores de Caracas, en los sitios donde hay corrientes de agua y vegetación, en el embalse de la Mariposa, se construyen portales y mucha gente acude a realizar ritos, sobre todo los fines de semana. La prensa nacional reseña la presencia cada vez más frecuente de gente devota del culto de María Lionza en estos lugares abiertos. Según la crónica titulada «Sorte se mudó a la Mariposa», los portales (altares) crecen cada día y se calcula que hay más de 200. Dice uno de los entrevistados que se dedica a cuidar un altar: «En La Mariposa no hay distingo de clases, ni de sexo, ni de posición política. Llegan policías uniformados, también militares y artistas de la televisión. Aquí viene más gente del Gobierno que civil a hacer brujería. Muchas personas no van a Sorte porque se puso peligroso. Por eso se mudaron para acá». Otra entrevistada dice: «vengo aquí a limpiarme, a desarrollar la materia, a evolucionar». (…) Ella construyó su portal hace un año. Lo ofreció a María Lionza y fue llevando las imágenes. Algunas se las robaron, por lo que tuvo que reforzar la estadía de sus santos en el cerro, pegándolos con cemento. (…) «La reina María Lionza se nos manifiesta como una mariposa». La crónica sigue y nos cuenta que «En una loma está la señora Teresa, una de las curanderas más visitadas. Está sentada sobre una cajita de madera y frente a ella, su ‹secretaria› anota a los ‹pacientes›. Las dos mujeres llevan gorros desechables de color azul, de los que usan médicos y enfermeras en las emergencias. Parece un consultorio a la intemperie»[97]. Y así, leyendo, nos enteramos de que la inseguridad que vive el país afecta también a los entidades y espíritus que deben mudarse de sitio para escapar de los robos y de la violencia, y nos enteramos también de ese otro mundo sagrado de la ciudad, un mundo que ha estado siempre allí y que ahora

---

97   Mireya Tabúas. «Sorte se mudó a La Mariposa». *El Nacional*, Siete días, Caracas, Domingo 01 de junio de 2008.

sale a la luz pública revelando abiertamente el otro rostro religioso de los venezolanos y de su imaginario.

4. LA RELIGIÓN DE LA SANTERÍA (REGLA DE OCHA)

La santería es otra de las religiones que se practica en Venezuela. Esta religión, procedente de África, oriunda del país Yoruba (actual Nigeria) se conformó en Cuba durante la época colonial. Hasta los comienzos del siglo XX, la santería, junto con el vodú haitiano y el candomblé brasilero, eran las tres religiones afroamericanas del continente, traídas por los africanos que vinieron como esclavos para trabajar en las plantaciones de caña de azúcar. Practicadas desde la época colonial por los esclavos y más tarde por sus descendientes, la santería y el candomblé traspasaron sus marcos étnicos tradicionales y se fueron convirtiendo en religiones de gran parte de la población de Cuba y de Brasil, dejando de ser, así, religiones exclusivamente afroamericanas. Mucha de la popularidad que tiene la santería en varios países del continente, sobre todo en el Caribe, se debe a la difusión que ha tenido esta religión, desde la década de los sesenta, cuando sus dioses y sus devotos emigraron de Cuba hacia Miami y, en menor escala a otros países, huyendo del régimen castrista, que prohibió los cultos en la isla.

Como toda religión, la santería tiene su panteón de dioses, su clase sacerdotal, sus ritos, sus símbolos, su calendario ritual y, lo más importante, sus devotos. Se trata de una religión politeísta, pero con una particularidad: cada orisha[98] (deidad de la santería) tiene su correspondiente santo o santa católicos: la Virgen de las Mercedes es Obatalá, la Virgen de la Candelaria es Ochún, san Jorge es Ogún, Shangó es santa Bárbara...

---

98   Orichas (Orishas) es el nombre de las deidades de la mitología yoruba de donde procede la santería originalmente. Al llegar a América, a Cuba específicamente, cada dios yoruba se hizo corresponder con un santo o santa católicos.

El trance místico, que termina con la posesión del cuerpo del devoto por un dios, es el punto central de las ceremonias: los dioses se encarnan en los fieles, los «montan» y los «cabalgan», y ataviados con sus trajes y emblemas, dan consejos, amonestan a los fieles que han faltado al ritual, curan y dan protección. Muy importante en esta religión es la ceremonia de iniciación en la cual el devoto se convierte en hijo o hija de una de las deidades, lo que da lugar a un lazo de parentesco sagrado entre el dios y el devoto, y entre el hijo de santo y su madrina o padrino. Este parentesco divino, que se establece entre los dioses y los seres humanos, implica una red de relaciones entre los diferentes hijos de un mismo santo, pero también entre las madrinas y padrinos y sus hijos de santo constituyéndose así, una segunda familia del iniciado que, en algunos casos, llega a ser más fuerte y más importante que la familia consanguínea, sobre todo en los casos en que el devoto es un inmigrante, bien sea de su patria o del pueblo o región donde nació. Es notorio que en las religiones paganas, al menos en las que conocemos, la santería, el vodú, el candomblé y la religión de María Lionza, la solidaridad que se establece entre las deidades y los fieles, y más aún entre las deidades y los devotos consagrados a una deidad (llámese «hijo o hija de santo» en la santería y el candomblé, «esposa» o «esposo» del dios en el vodú, «materia» en María Lionza) constituye un lazo que genera, como el parentesco, relaciones sociales de carácter sagrado, basadas en deberes y derechos rituales que fundan, de este modo, la comunidad propiamente religiosa.

La santería, al igual que las otras religiones de origen afroamericano, se practica en las casas de los devotos y que se conocen con el nombre de «Casas de santo». Debido al sistema de correspondencias entre dioses africanos y santos católicos, hoy día, las iglesias cristianas, sobre todo en ciertas fechas, se han convertido en lugares muy concurridos por los santeros: el día 2 de febrero, por ejemplo, las iglesias de la Candelaria de todo el Caribe se llenan de los devotos de Ochún[99].

---

99   Para una comprensión más completa de la santería remitimos a la lectura de nuestro ensayo *Las diosas del Caribe*.

Los investigadores coinciden en afirmar que las principales deidades entraron a Venezuela primero por la religión de María Lionza, para conformar lo que se conoce como Corte Africana, integrada por las «Siete potencias» (Obatalá, Orula, Eleguá, Ogún, Shangó, Ochún y Yemayá), durante la primera mitad del siglo XX. Lo anterior significa que hay que hacer una diferencia entre esta Corte Africana que está dentro de la religión de María Lionza, y la santería como religión aparte[100].

En las entrevistas que hemos realizado en el centro de Caracas, en los últimos años, hemos constatado que los devotos de la santería diferencian, además, dos tipos de santería: la que llamaremos tradicional, que se consolidó durante la década de los años sesenta en nuestro país, y la santería de importación reciente, que es vista por marialionceros y santeros tradicionales como una religión «interesada en el lucro» e interesada también en fomentar «la competencia y rivalidad entre las personas». Estas opiniones recientes no nos sorprenden, sin embargo, porque los investigadores que se han ocupado del tema han señalado, desde un principio, el carácter comercial de esta religión. Así J. Clarac, que investigó sobre la santería en Caracas en 1982, afirma que «es más difícil estudiar a un santero que un centro de María Lionza, pues exigen generalmente que se les pague y no aceptan ser investigados a menos de hacerles entrevistas que se publiquen en periódicos». Más adelante, trae el testimonio de un santero que le informa que «hay santeros verdaderos y santeros plataneros (…) Hay tipos que pagan hasta Bs.F. 4.000 por la imposición de collares y Bs. F. 20.000, por «colocarles el santo», «la santería en Caracas está viciada, se imponen collares y santos sin que

---

100   Una conversación con una santera cubana que tiene muchos años en Venezuela nos aclaró que las Siete potencias africanas no son santos o deidades, sino espíritus potentes de difuntos que han hecho bien a la humanidad. Nos parece acertada la proposición si pensamos que las tres potencias de María Lionza tampoco son deidades: tanto el Negro Felipe como el Indio Guaicaipuro son personajes históricos y la propia María Lionza pudo haber sido una encomendera española, como dice la leyenda, o una princesa indígena, como dicen los mitos fabricados. En ninguna parte, en ninguna mitología indígena consta que hubo una deidad femenina, salvo Arco y Arca, de los Andes, reportados en el estudio de Clarac. Y más que con deidades, los panteones o cortes que conforman la religión de María Lionza están conformados por personajes históricos.

la persona esté preparada para esto, así que estos santeros falsos siguen imponiendo collares, haciendo consultas sin saber nada»[101]. Aun cuando los oficiantes y practicantes de estas religiones se critican y hablan mal unos de otros, hay que notar que este rasgo comercial de la santería aparece con frecuencia como crítica de los devotos de las otras religiones e incluso entre los mismos practicantes de la santería. Está claro que, como religiones orales que son, las religiones paganas están sometidas al comentario, a la crítica y a la maledicencia, pues la religión de María Lionza y la santería, para nombrar las que nos conciernen, no están codificadas en un cuerpo de doctrina (escrito), mucho menos en un dogma establecido como una verdad sagrada y absoluta.

Aunque en los últimos años han proliferado los libros, revistas, folletos, especialmente sobre la santería, los ritos, las plegarias, las deidades pertenecen a una casa de santo y se adaptan a las necesidades y a la fantasía de los oficiantes de los cultos y de los asistentes a esa casa. En palabras de los devotos, lo anterior se resume diciendo que cada babalao y cada santero, en general, «trabaja» con determinados santos… a su manera. La inventiva, los sincretismos, las mezclas y las innovaciones pueden ser muy variados, con tal que el «esquema» permanezca y permita reconocer al santo o al rito en cuestión. Esta libertad de actuar y de elegir, esta permisividad y juego, explican la renovación y adaptación continua de esta religión pagana a los tiempos en que vivimos, pero también invitan a la crítica y a la habladuría entre fieles y seguidores.

Hoy día, los investigadores consideran a la santería una religión comercializada, muy difundida entre las clases medias de las ciudades, y cuyos rituales resultan onerosos para los que no disponen de recursos, pues una iniciación como «hacerse el santo» puede costar hasta Bs.F. 10.000 o más. La santería sigue siendo entonces una religión popular, modernizada, pero no «pobre» como advierte Clarac, pues sus devotos tienen mayores recursos económicos y ya no se cuentan solo entre los descendientes de esclavos, agregamos nosotros. «Santero es sinónimo de comercio» nos dijo

---

101   J. Clarac, *La enfermedad como lenguaje en Venezuela*, p. 252.

un señor que vende hierbas en un pequeño establecimiento en Catia. Otros confiesan que se necesita mucho dinero para ingresar a esta religión y se refieren veladamente a la procedencia ilícita del dinero, al hacer preguntas como: «¿Quién puede pagar esas sumas para hacerse el santo?». Un señor que vive en Catia y trabaja como chofer de una pequeña empresa nos dice: «es un negocio, eso es caro, las personas cobran 15, 20 millones y la gente los paga». Ahondando un poco más en los motivos que tendrían las personas para afiliarse a la santería, una señora que trabaja en una tienda en la Avda. Baralt dice: «yo veo tanta gente en la santería para tapar ellos algo que hicieron». De entrada, la mayoría de las personas que consultamos se presentaban como santera o santero «de los de antes», y cuando preguntábamos sobre la difusión de la santería ahora, una de las respuestas obtenidas fue: «se debe al contacto del gobierno con el centro de la santería, que es Cuba». Otros hablan de la santería como «una moda que nos viene de Miami y de Cuba». «Antes no era tanto, no se veía tanta gente santera por aquí, tanta gente vestida de blanco como se ve ahora». Para la señora Ángela, que se define como «espiritista» (que trabaja con los espíritus y con las entidades), «la gente quiere resolver sus problemas espirituales con la santería y utiliza la protección (de la santería) como un escudo que los protege de lo que hicieron». A mi pregunta acerca de lo que ella llama «problemas espirituales» responde: «problemas espirituales son los que tiene la gente que ha cruzado la barrera de lo legal y de lo moral. Muchos, los que se arrepienten de verdad verdad, se refugian en el Evangelio (en las iglesias evangélicas), y otra parte va a la santería por dinero». Aclara que estos últimos no son «arrepentidos» y por eso es que «se ve tanto malandro con collares». Le pregunto, para terminar, si ella cree que hay o que pueda haber un rechazo a esta forma de santería y responde que la población, sobre todo en los barrios, se queja de los devotos, de sus prácticas, pero no de la religión en sí.

Para comprender la difusión de esta religión en nuestro país, en la actualidad, habría que medir la influencia que ha tenido la presencia cubana en Venezuela, en los últimos años, a través de instituciones como Barrio Adentro, pero también habría que estudiar la influencia que la presencia cubana ejerce en la cultura, en la difusión de esta religión mediante festivales de babalaos, festivales de la cultura afroamericana, viajes a Cuba para hacerse el santo, todo ello sostenido por un comercio creciente de los objetos del culto que se exhiben en numerosas tiendas del centro de Caracas.

En nuestro recorrido por lo que bien podríamos llamar la Caracas sagrada, hemos podido ver cómo ha proliferado este comercio, con tiendas que no existían hace unos años, algunas con maniquíes en la puerta, ataviados de pies a cabeza con los trajes rituales, y con una numerosa clientela, como lo demuestran los varios «puntos de venta» en el mostrador. Pero además, hay facilidades para adquirir los objetos de los santos, en «combos»: combos de soperas para santos, Bs.F. 750; combo de Ifá, Bs.F. 7.000; combos de Osha, de Yemayá, de Ochosí… La mayoría de estas tiendas «esotéricas» ofrecen consultas con tabaco, cartas españolas, caracoles y tarot, realizadas, comúnmente, por un mismo individuo, que recibe de lunes a sábado y por orden de llegada. Para atender al público, las tiendas tienen, en su parte posterior, cuartos divididos por tabiques o cortinas para las consultas y «trabajos».

Debido a la influencia que se ejerce también desde Miami y enmarcada dentro de la globalización, la santería ha conocido una notable expansión y difusión con sitios en la web, revistas propias, congresos de babalaos, cursos y escuelas. Es interesante destacar que, en Venezuela, se publican unas cuatro o cinco revistas de santería. Una de ellas, que lleva por nombre *Los Orichas,* se encuentra en casi todos los quioscos de Caracas, y se dedica, según se lee en la portada, a la santería, espiritismo, palo de monte y devociones populares. En esta revista, de confección modesta, en papel periódico, con fotos en blanco y negro, aparecen artículos sobre las deidades de esta religión, entrevistas a babalaos y santeros que opinan sobre temas diferentes relacionados con esta devoción, fotos y reseñas sobre las personas que se hicieron el santo y las celebraciones (cumpleaños) de sus años de iniciación. Destacan en la revista los anuncios de adivinos (lectores de cartas, de caracoles, de tarot, de runas, del tabaco, principalmente):

santeros y santeras hacen gala de sus años de experiencia en el oficio. Así, el caso de la santera O.R., «la santera residente en el país con más años de consagración en Ocha: ¡49 años!», o la santera O.Q., hija de Yemayá, que tiene 17 años iniciada, lo que permite confirmar que la santería no es, en modo alguno, una religión reciente en el país. Lo reciente es el consumismo religioso que se observa en la proliferación y mezcla de objetos, ritos y prácticas por parte de los comercios y de los iniciados en el culto (como ejemplo, un adivino que se anuncia como «creador del famoso Tarot de María Lionza»).

Media página o página entera de propagandas de las tiendas que venden objetos y artículos necesarios para los diferentes ritos y ceremonias de la santería ocupan casi la mitad de la revista. Por citar un ejemplo: en el número 68 de *Los Orichas*, correspondiente al mes de enero de 2009, contamos 25 anuncios de tiendas, perfumerías y tiendas «esotéricas», como también se las llama ahora, con avisos como los que siguen: «Aquí el espiritista encontrará todo para sus trabajos: tabacos, esencias, velas, velones, imágenes...»; «Lo más nuevo y tradicional en cuanto a la religión yoruba se refiere», y así por el estilo. La mayoría de las tiendas están en el Centro de Caracas, en Catia, en la Avda. Sucre, en la Avda. Panteón, pero hay algunos avisos de comercios que están en Los Teques, en Antímano, en el Valle, en Naguanagua (Edo. Carabobo), en Charallave, en Puerto La Cruz, Yaracuy, Barquisimeto, Valencia, Nueva Esparta... Otros avisos se refieren a las «agrodistribuidoras», 3 en Catia y 1 en Antímano, que ofrecen animales para las ceremonias religiosas: chivos (pequeños y grandes), guineas, carneros, pollos, gallinas (amarillas, blancas y negras) codornices, patos y otros.

Un nuevo tipo de aviso ofrece casas en alquiler para las ceremonias (para hacerse el santo, especialmente) en la zona de El Junquito, y también conjuntos de músicos profesionales, «Salsa para los santos» para amenizar los eventos religiosos con «un repertorio bailable 100% dedicados a los orishas». También leemos el aviso de un *Oriaté* (maestro de ceremonia) que se ofrece para dirigir ceremonias santeras en cualquier lugar de Venezuela. Por último, destaca en la revista el aviso de los cursos de la Escuela Nacional de Santería y de la Escuela Venezolana de Estudios de Ifá, a las que no hemos podido acceder ni llamando a los teléfonos que allí aparecen ni ingresando en la dirección de la página web. Está de más decir que hay portales y *blogs* sobre santería en Internet.

Además de la revista *Los Orichas,* que goza de mucha popularidad, está también la revista *Ebbó Esotérico,* de buena calidad, a todo color, que se dedica, según su anuncio en la portada, a santería, palo monte, espiritismo e ifá. Aparece el 15 de cada mes; su sede se encuentra en Caracas, con corresponsales en México y Miami. Algunos de sus articulistas se definen como espiritistas y santeros «especialistas en el desarrollo del alma y despertar de la conciencia». Numerosos avisos a todo color les hacen propaganda a «perfumerías» en Caracas y en diversos sitios del país. En el número 18, del año 2, contamos aproximadamente 34 avisos de propaganda de tiendas, además de los avisos de los adivinos y 2 avisos sobre libros de santería. En esta revista, los artículos pretenden ser más universales y «espirituales», con clara influencia de las nociones de la «Nueva Era». Hay artículos sobre la muerte y la reencarnación, sobre el bien y el mal, sobre otras religiones, como el vodú y María Lionza, sobre el ángel de la guarda, y en la última página, el horóscopo. Los escritos aparecen con ilustraciones también a color, al igual que las reseñas con fotos sobre los cumpleaños de los iniciados. Llama la atención que una de las tiendas, la Corporación Fátima, en Catia, anuncia que «se le facilitará un crédito bancario de 15 a 20 millones (Bs.F. 15 a 20.000) repartidos en artículos y en efectivo (*sic*) para la realización de su santo o ifá. El mismo es pagadero a 36 meses». La revista *Africanía,* publicada por un grupo de cubanos que viven en el país, contiene toda clase de instrucciones para hacer el ritual más efectivo. Está de más decir que los iniciados, médiums, devotos y jóvenes dirigentes del culto son ávidos lectores de estas publicaciones.

Algunos devotos no viajan a Cuba a hacerse el santo, sino a Miami, y pagan también muchísimo dinero. Todavía es prematuro afirmar que la polarización política del país alcanza a los devotos de esta religión, pero nuestros informantes no lo niegan. Lo que sí podemos decir es que más que una rivalidad entre los devotos de la santería y los devotos de María Lionza, hay una crítica por parte de estos últimos en cuanto al sacrificio de animales, como hemos visto. Los de María Lionza parecen tolerarlos cuando afirman que la santería se introdujo en Venezuela «bajo el paraguas de María Lionza».

Antes de pasar a otro punto, debemos insistir en que las religiones politeístas han sido y son más permeables y curiosas de la diferencia. Puede haber rivalidades entre ellas, los espíritus también pelean y retan continuamente a sus fieles, pero no debemos olvidar que las religiones paganas aceptan más fácilmente la presencia de otras religiones y no las combaten abiertamente. Es más, los préstamos e intercambios entre unas y otras se producen continuamente. De allí la dificultad para el investigador de conocer las creencias y aprehender los dogmas del momento. Hasta cuándo y hasta dónde, para algunos devotos, las dos religiones, la santería y María Lionza, funcionan como una misma religión con diferentes «cortes», y hasta dónde la santería es considerada «otra» religión, como la mayoría de los devotos reconoce, es cosa que podemos plantear. De todos modos, la «africanización» de la religión de María Lionza es una cuestión que los investigadores no han descuidado y que parece haberse agudizado en los últimos tiempos.

Dentro de este sistema de intercambio religioso que tiene que ver con préstamos y rivalidades, debemos señalar que son las iglesias evangélicas las verdaderas enemigas de la santería y de la religión de María Lionza. Hemos visto, a propósito del pentecostalismo, cómo los evangélicos sostienen una verdadera cruzada contra los espíritus y entidades «territoriales» y acusan a marialionceros y santeros de estar poseídos por Satanás. Por su parte, santeros y marialionceros se quejan de la persecución de los evangélicos: «me riegan agua bendita en la puerta de mi casa», «me ponen papeles y oraciones debajo de la puerta». Una santera «de las de antes» que tiene una «perfumería» en el centro de Caracas, nos dice: «cuando yo entro en mi edificio, gritan como si yo fuera el diablo, me tienen loca».

Terminaremos esta exposición sobre las religiones paganas en Venezuela, refiriéndonos a los rituales conocidos con el nombre de Palería. En principio, la *palería* (palo, palo de monte, palo Mayombe) es un camino de la santería. Para ser más explícitos, se puede decir que la palería es una secta que se deriva de la santería pero sin romper con ella ni cuestionarla. Cuando el babalao hace el rito de adivinación mediante los caracoles o mediante las cortezas del coco, la posición en la que caen se llaman «letras» y el babalao las lee y las interpreta. Una letra puede ser la «letra del palo», lo que significa que los santos (orichas) le están indicando que el consultante debe iniciarse en «la regla del palo». Y así como el santero «se hace el santo» para iniciarse en la santería, el palero «raya el palo» para pertenecer a esta secta. La regla del palo es de origen congo y trabaja con los espíritus de los muertos. Estos espíritus están por debajo de los orichas y pueden ser utilizados, como sucede en las religiones paganas, para bien o para mal.

Las tres religiones de origen africano en América, el vodú haitiano, la santería cubana y el candomblé brasilero, tienen en sus panteones dioses (santos, orichas, loas) que gobiernan un reino de los muertos, como sucedía con la religión de la Grecia antigua, con el dios Hades y su esposa Perséfone. En el vodú, el reino de los muertos está presidido por el terrible Barón Samedi y su esposa Brigitte, la primera muerta de la tierra. Otros *loas* (nombre de los dioses vodú) como Capitán Zombi, Guedé Nibo, pertenecen a este reino. Barón Samedi reina sobre los cementerios y ningún muerto puede entrar o salir de allí sin su permiso. En la santería no hay, propiamente hablando, un reino de los muertos, sino tres diosas, «las muerteras», guardianas de los muertos y son Oyá, Obá y Yewa, que es un esqueleto. Pero además de estos reinos y dioses de la muerte, estas religiones tienen prácticas de hechicería asociadas con los muertos. Estas prácticas (ritos y ceremonias) las preside un dignatario del culto que se dedica especialmente a «trabajar» con los espíritus de los muertos.

Sociedades secretas, temidas y perseguidas sobre todo en la época colonial, los rituales con los muertos tienen su origen en África, en la cultura de los esclavos provenientes de la región del Congo que agrupa a las lenguas llamadas bantúes. Se trata de una cultura campesina, patrilineal, basada en el culto a los antepasados. Los congos no tienen panteón de dioses; cada linaje mantiene una relación sagrada con los antepasados fundadores. Esta cultura, que convive con sus muertos, fue trasladada a América en tiempos de la esclavitud. La nostalgia de la tierra y de los muertos que dejaron dio nacimiento, con el tiempo, al mito del retorno a África para reunirse con los antepasados, abandonados en el suelo natal.

Una vez en América, los congos, por su condición de agricultores, se adaptaron más que las otras etnias a las condiciones de vida de la plantación. Sin embargo, la esclavitud, con sus terrores y sus castigos, sus privaciones y su racismo, despertó en seguida la rebelión y el cimarronaje entre la población esclava. La palería tuvo su origen quizás en el desafío de los esclavos congos a una sociedad colonial que los esclavizaba y a una Iglesia católica que los satanizaba. Sin ir muy lejos y para que se entienda esta idea, los rituales de zombificación de Haití se llevan a cabo para demostrar el poder de la brujería en Haití y para vengar una afrenta hecha al grupo[102]. Pero «enviar un muerto a una persona» es un rito mágico que se practica en la palería y en unas sectas del vodú y que tiene como objetivo una venganza personal.

La palería, entonces, no puede desligarse de la santería, así como las sectas que trabajan con los muertos en Haití no pueden desligarse del vodú y, concretamente, de los dioses encargados de la muerte. Santeros y paleros son miembros de un mismo sistema religioso, pues la palería, como hemos dicho, es un camino que un santo (oricha) le señala al iniciado a través de la «letra».

Debemos recordar, una vez más, que en las religiones paganas, dioses, espíritus o entidades no son ni totalmente buenos ni totalmente malos, como tampoco lo son los dignatarios del culto, pues no se sabe cuándo el dios o el curandero que ataja el mal hecho por el brujo

---

102   M. Ascencio. «El zombi: mensajero de la discordia». *Las diosas del Caribe*, cap. IV.

podrá hacer un daño, si se le ofrece la ocasión. Se dirá en el vodú que el *hougan* (sacerdote) trabaja con la mano izquierda si se desliza hacia la hechicería y se llamará *mayombero* al babalao que se dedica a hacer el mal con los «muertos», mejor dicho, con los espíritus de los muertos que trabajan para él.

Por sus actividades oscuras y secretas en los cementerios, la palería fue vista siempre con miedo y con reserva, y fue vista también como parte del hampa afrocubana[103]. El personaje macabro que profana tumbas en busca de huesos para «trabajar» es una figura de la tradición oral cubana que ha permanecido hasta nuestros días. El tabú de los muertos es universal y nadie se libra de sentir que se traspasa un límite (sagrado) desenterrando a un muerto (con o sin su permiso). Y si los paleros dicen que hacen un ritual especial en el que le piden permiso al muerto, o que este, en vida, dio su autorización para ser «usado» después de muerto, esto no los exime del temor y del rechazo que suscitan en la población. Un joven palero que vive en el este de la ciudad de Caracas nos decía recientemente, quizás sin penetrar en el sentido de sus propias palabras: «En este mundo de brujería, de la palería, hay 50% de brujos buenos y 50% de brujos malos para mantener el equilibrio». En todo caso, todos sabemos que, en el Cementerio General del Sur de Caracas, los límites entre la vida y la muerte son traspasados cada día, para no adentrarnos en cosas que solo sabemos de oídas.

No estamos seguros de que la palería siga siendo una secta de la santería, como fue en su origen. Por las entrevistas que hemos hecho, nos parece que la tradición se perdió y que los paleros tienen hoy día sus propios ritos, sin pasar por la santería. Corte malandra, muertos milagrosos y palería en Venezuela parecen apuntar a un problema hondo de violencia, venganza, poder y transgresión de las normas impuestas por la sociedad. Con estos espíritus muertos, lo sagrado muestra su rostro más terrible que revela, a su vez, la deshumanización y la violencia de una sociedad que parece haber perdido sus límites.

---

103   F. Ortiz. *Hampa afrocubana: Los negros brujos*, publicado en 1906.

III. LAS PRÁCTICAS DE LOS IMAGINARIOS RELIGIOSOS

1. EL ABIGARRADO MUNDO DE LO SAGRADO EN LA CIUDAD

El centro de la ciudad vibra: en cada perfumería, en cada tienda esotérica, se producen encuentros entre los dioses y los devotos, y los vendedores son intermediarios que entregan una mercancía sagrada al profano que la solicita. Así se promueve el contacto con el mundo de la magia, del conjuro, de la oración y del ensalme: el mundo de lo sagrado popular. Los intercambios de lo sagrado y lo profano ocurren todo el día en la avenida Baralt, en la principal de Catia, en la avenida Panteón, en las Fuerzas Armadas, en los alrededores de la iglesia de Santa Teresa, que guarda la imagen del Nazareno de San Pablo. La catedral preside y hace centro, la plaza Bolívar enfrente. A su alrededor la Casa Amarilla, el Concejo Municipal, la casa recién restituida e inaugurada donde viviera el Libertador con su esposa. Un poco más allá el Capitolio, blanco, clásico, con su cúpula que se distingue desde lejos. Pasando la avenida, la iglesia de San Francisco con su altar mayor enchapado en oro, y el Palacio de las Academias, custodias del saber y de la tradición del conocimiento. Bajando hacia las torres del Centro Simón Bolívar empieza a abrirse como un abanico el misticismo pagano, que denota su presencia en los numerosos comercios, grandes y pequeños: tiendas, quioscos, botánicas, perfumerías abundan en las calles, pero sobre todo en la que conducía a la antigua Radio Caracas Televisión, silenciada por el gobierno revolucionario. Los maniquíes en la puerta de las tiendas parecen invitarnos a entrar, y vale la pena hacerlo así sea solo para ver los diversos y abigarrados objetos que se exhiben en el suelo, en las vitrinas y en los estantes que llegan hasta el techo. El olor de las hierbas: ruda, hierbabuena, mastranto, hierba mora, que cura la culebrilla, manzanilla, diente de león, la enorme lengua de vaca… Todo el mundo pide, compra, recomienda y paga por lo sagrado. Se oyen consejos para curar, críticas a los curanderos ineficientes y ni los propios espíritus escapan a los comentarios. Las rivalidades entre los practicantes de los diversos cultos pueden conocerse allí, si uno se toma la molestia de escuchar. Son diferentes las voces: quien se queja del trabajo, de una dolencia, de un trabajo que no le resultó; son diferentes las voces y, como un coro, una sinfonía se oye cada día, de la mañana a la noche. A la noche, oficiantes y devotos, vendedoras y dependientes, dioses, espíritus y entidades se retiran a la intimidad de sus casas a «trabajar» con los objetos materiales que han adquirido en los múltiples comercios. Otras puertas comenzarán entonces a abrirse, otro lenguaje secreto suplantará al lenguaje bullicioso de exigencia y de súplica del día. En la noche, en los centros y en las casas de santo, en los cuartos donde está el altar, las oraciones a media voz, los rezos con el humo del tabaco que invade el recinto, los conjuros y las invocaciones. No es que de día no se trabaje con los espíritus. Ya sabemos que muchos de los comercios esotéricos disponen de cubículos en la parte posterior para las consultas… Pero en el silencio de la noche a todos nos parece que las plegarias llegan más rápido a la divinidad y que esta se halla en mejor disposición de oírnos. La noche se hace cómplice de lo oculto y de lo susurrado. Hay que estar iniciado, al menos familiarizado, para penetrar por una de esas puertas que conducen al más allá de la vida y de la razón.

Nadie se sorprenderá si decimos que los comercios mágicos o esotéricos han proliferado con el transcurrir del tiempo. Así se comprueba en las investigaciones de J. Clarac, de García Gavidia y de Pollak-Eltz, particularmente, y en nuestros propios trabajos de campo realizados en los últimos años en Caracas. No hay más que recorrer las ciudades venezolanas y los diferentes centros comerciales para comprobar la proliferación de tiendas esotéricas y «perfumerías» dedicadas a la comercialización de lo sagrado. Basta con leer una revista de santería para observar los numerosos avisos de tiendas mágicas y de especialistas en la magia que ofrecen sus servicios en todo el país. No hay revista o periódico que no incluya el horóscopo, sin contar con los programas de radio y televisión que dan los pronósticos para cada signo zodiacal, como los noticieros dan los del tiempo. Con lo anterior se demuestra, de manera fehaciente, la relación que existe entre el crecimiento de la brujería y de las actitudes mágicas ante la vida con las crisis sociales.

El mundo oral y cotidiano de la religiosidad del Caribe, del que Caracas forma parte, es un mundo rico en gestualidades, en inventiva, refranes, avisos y frases entredichas; un mundo fundamentalmente oral en el que concurren muchos imaginarios religiosos. Ahora se pondrán a prueba las recetas, los daños y las contras; ahora los dioses y espíritus reclamarán la promesa no cumplida; bancos y santeros advertirán, insistirán, amenazarán. Ahora los dioses rivalizarán entre ellos y algunos bajarán sin ser llamados; le toca al babalao hacerle comprender que no es turno, que debe devolverse a Ifé, ciudad sagrada de los yoruba, y esperar una próxima ocasión. Espíritus, orichas, santos y entidades se harán presentes tomando posesión de los cuerpos de los devotos y hablando en una jerga incomprensible para la mayoría de los asistentes al rito. Se concederán favores, se prometerá la suerte, el dinero, el amor, la salud, por el bien del devoto; o también, como castigo, el espíritu airado negará la petición. Entonces habrá que reconvenir al espíritu, aplacarlo dándole su bebida favorita, lisonjeándolo e incluso amenazándolo, porque después de todo, él depende de los fieles que le rinden culto. Ahora, en las casas, en la noche frente al altar, invocando a los santos y a las entidades se sabrá cómo se bate el cobre en estos asuntos y si es verdad que de que vuelan, vuelan, porque las ceremonias de carácter religioso se realizan para que te vaya bien y vivas largo tiempo en la tierra. Y las religiones, sobre todo las paganas, no saben esperar: los devotos quieren la solución de sus problemas aquí y ahora. El sufrimiento de los desafortunados confía en el milagro y en la solución inmediata del mal. Los desfavorecidos esperan que se abran las puertas del paraíso ya.

Así, pues, las prácticas de las distintas religiones se exteriorizan en actos, gestos, comportamientos y actividades de los creyentes de acuerdo con lo que establece la creencia. Los ritos, públicos y privados son pautados, de manera general, por la liturgia[1] de cada religión. Persignarse, arrodillarse, poner las manos juntas en oración, son gestos conocidos de los católicos. Alzar las manos en alto, abrir los brazos con las palmas hacia arriba, tocar la cabeza y los hombros del semejante mientras se ora por él, voltear los ojos hacia arriba, son gestos de los devotos de las iglesias evangélicas. Los gestos de las religiones de la santería y de María Lionza, los del trance y la posesión, están codificados por la tradición: cada santo, dios o entidad tiene una gestualidad y un comportamiento que lo caracteriza y que despliega ante los presentes para ser reconocido. Todos sabemos que el Negro (Felipe) es grosero, fuma tabaco y bebe ron, que Ochún es coqueta y sensual, y que Changó es colérico y bailador.

La liturgia se compone de los ritos y ceremonias privadas y públicas que pauta cada religión. Son los ritos, los actos sagrados que cada creyente debe hacer a lo largo de su vida: el bautizo es el rito iniciático universal para ingresar a cualquier religión; se hará cuando el individuo nace, como en la Iglesia católica, o cuando la persona se considere preparada para ello, como ocurre en las iglesias evangélicas. La Iglesia católica establece varios ritos que marcan la vida de los individuos católicos en sus diferentes etapas: bautizo, primera comunión, confirmación, matrimonio y extremaunción. Los ritos públicos reúnen a todos los creyentes para celebrar la presencia de Dios, pedir por la paz del mundo o de un país, dar gracias, tal como sucede con la misa —el rito católico que se celebra los domingos universalmente—. En la misa hay un comportamiento pautado durante el desarrollo del oficio. En el momento de la elevación, todos los presentes deben arrodillarse y en el momento de la comunión, los que estén limpios de pecado pueden acercarse al altar y comulgar.

---

1   Liturgia: orden y forma que ha aprobado la iglesia para celebrar los oficios divinos, y especialmente el santo sacrificio de la misa. (DRAE). Por extensión, se aplica a los oficios de cualquier iglesia.

Para iniciarse en la santería hay que escoger a un padrino y una madrina, pero previamente un santo (oricha) ha manifestado en una ceremonia previa su deseo de tener al elegido bajo su protección, convirtiéndolo así en su hijo. El devoto se inicia entonces como hijo o hija de determinado santo y tendrá que «hacerse el santo», esto es, imponerse los collares y los emblemas del santo en cuestión, cumplir con todas las reglas pautadas por esta religión, como por ejemplo vestirse un año de blanco, y otros detalles. Se trata, como dijimos, no solo de un rito de iniciación para formar parte de la religión, sino que además significa la adquisición de una nueva familia: al ser hijo de santo y ahijada o ahijado de determinado padrino o madrina, pasa a formar parte de una nueva red de parentesco, esta vez sagrada, compuesta por todos los hijos que como él se hicieron el mismo santo y por todos los ahijados y ahijadas de los padrinos y madrinas escogidos.

En el caso de la religión de María Lionza, no hay iniciación; uno frecuenta un centro y puede, si tiene dones espirituales, es decir, si muestra disposición para comunicarse con las entidades, irse formando bajo la tutela del banco que dirige el centro. Como hemos dicho, la religión de María Lionza es más que todo una religión que concentra su actividad en la dolencia, en la enfermedad y, por tanto, en la curación de los males físicos y mentales.

Dado que la santería y la religión de María Lionza se practican en las casas de santo o en los centros, la liturgia dependerá de los oficiantes que presiden: se invocará preferentemente a determinados santos o entidades, se realizarán determinados ritos. El estilo, el carisma —como también se denomina la manera de llevar la liturgia— tendrá el sello de la casa o del centro, aunque nunca el estilo personal se impondrá o se saldrá de la tradición. Siempre, aun el estilo más particular, será reconocido incluso por personas devotas ajenas al centro o a la casa de santo en cuestión.

Las iglesias católicas son los sitios donde los devotos realizan los rituales más importantes de esta religión. El altar mayor, donde está expuesto el Santísimo, ocupa la nave central de la iglesia. A los laterales, altares de los santos, mártires, vírgenes y de Cristo en momentos importantes de su vida, como la crucifixión, el descenso de la cruz y Cristo en brazos de su madre. Algunos de estos altares tienen velas encendidas por los fieles delante de la imagen. En las casas de algunos católicos, se pueden observar cuadros de santos, de vírgenes, del Sagrado Corazón de Jesús y de ángeles. Puede haber un altar pequeño o una repisa con un santo al que se le prende una velita cuando se le reza.

Al no adorar imágenes, las iglesias evangélicas no tienen altares. Un templo evangélico es un espacio limpio de todo decorado, generalmente con bancos o sillas y a veces una mesa con la Biblia y, detrás de ella, el pastor o el predicador. En las casas de los evangélicos no puede haber altares ni imágenes que representen a Dios o a Cristo.

Los altares de María Lionza y de la santería se caracterizan por la mezcla insólita de objetos de todas las procedencias: imágenes o estatuillas de santos católicos, imágenes de las deidades de los yoruba, flores, frascos de perfume, ollas y calderos, piedras. Dado que las Siete potencias africanas conforman una línea o una corte de la religión de María Lionza, puede resultar difícil saber si se trata de un altar de la santería o de María Lionza, pero generalmente, si es de la Reina, tiene una imagen de ella en el centro del altar. Estos altares muestran muy visiblemente el sincretismo que se lleva a cabo con la religión católica sobre todo; pero también, al ver la diversidad de objetos que pueden encontrarse en estos altares paganos, puede uno pensar en el principio de acumulación que rige la magia. Podemos encontrar a dioses egipcios, Buda, personajes históricos, dioses de las religiones indígenas, etc., etc.

La vestimenta es, a veces, reveladora de la filiación religiosa. Todos reconocemos a las monjas y a los sacerdotes de la religión católica. A los mormones los conocemos por la camisa blanca, la corbata azul o negra delgada y los pantalones marrones. Los Hare-Krishna visten de blanco y se rapan la cabeza; los santeros recién iniciados visten también de blanco, pero mucho más adornados y vistosos.

El estudio de la liturgia se extiende al estudio de todo lo que acompaña a los actos y gestos: las oraciones en primer lugar, la música y los cantos, el lugar donde se celebra el rito, el día, la hora y la duración del mismo y, por supuesto, los fines y objetivos de la celebración. Los ritos, como dijimos, son privados y públicos, pero los públicos son los que mantienen unida a la comunidad de creyentes. Durante la Colonia y todavía después, la Iglesia católica sacaba a los santos en procesión para que cesara una epidemia o para que lloviera. Se trataba, evidentemente, de un rito mágico en el que se le pide a una divinidad que actúe, pero como el beneficio recae sobre la comunidad, este tipo de procesiones «mágicas» caen dentro de lo colectivo, es decir, de lo religioso. El rito propiamente mágico es privado y se paga con dinero. El sacerdote o el pastor tienen ovejas; el mago tiene clientes.

El estudio de la liturgia se complementa con el estudio de los implementos que son necesarios para la realización de los ritos, desde la vestimenta, las imágenes, objetos, libros, instrumentos, todo lo que procede de los tres reinos, el reino animal, vegetal y mineral y que contribuye a la realización del ritual. Si uno reza en su casa frente a un altar donde está una imagen o una estatuilla de José Gregorio Hernández, evidentemente tiene que tener la o las repisas, la estatua o la imagen, la vela, las flores, el incienso… Asimismo, si se va a realizar un ensalme o un despojo, hay que disponer de todo lo necesario para el rito: las hierbas, los jabones y esencias, las oraciones y conjuros que se van a pronunciar y los animales, en caso de que haya sacrificio.

La parafernalia del rito puede entenderse como lo que transita de lo profano hacia lo sagrado. Los objetos que se usan en los rituales se venden hoy en día en tiendas especializadas. Están las tiendas que venden los objetos de la religión católica: las vestimentas de los dignatarios del culto, los objetos del culto, como misales, Biblias, copones, sagrarios, hostias, mantelería, campanas y campanitas, incienso, pila bautismal. Hay que contar con la venta de estampas y libros, dentro de las iglesias y en las afueras de las mismas. Los objetos de los cultos paganos se venden también en tiendas y comercios que ya hemos descrito a propósito de la santería. Tal vez sean los evangélicos los menos dados al comercio, porque no adoran imágenes y solo utilizan la palabra en sus ritos de curación y de salvación. Sin embargo, las iglesias evangélicas producen materiales impresos, especies de catecismos, libros de oraciones, de consejos y recomendaciones…

Para conocer la liturgia de una religión hay que asistir a los oficios, es decir, hay que asistir a los diferentes ritos y ceremonias que se realizan en el año. Está de más decir que estos oficios cambian para adaptarse al tiempo y a las circunstancias, pero los que más cambian son los de las religiones paganas, que aceptan dioses nuevos y modernizan constantemente sus rituales. El ritual es la parte viva de la religión; representa el compromiso de los fieles con la divinidad para agradecerle, suplicarle o moverla a conceder una gracia. Por eso el ritual, la personalidad del creyente se exterioriza el cuando este se despega del mundo profano y cotidiano este ingresa en el mundo sagrado de las divinidades, para tratar con ellas. Sin comunidad de fieles no hay iglesia, dijimos, pero sin ritual no hay acto ni comportamiento religioso: el ritual permite la exteriorización del sentimiento religioso, lo que permite, a su vez, que una religión se pueda ver, oír, decir y contar.

Que nos quede claro que, en toda religión, pero sobre todo en la religiosidad popular, se debe prestar atención especial tanto a los ritos como a la parafernalia usada en los mismos. Los productos naturales (hierbas) que tienen propiedades curativas pertenecen a una tradición que se transmite oralmente. A los productos fabricados (perfumes, esencias, sahumerios, polvos, aceites, velas, estampas, estatuillas, amuletos, oraciones…) se les adjudican ciertas propiedades que se relacionan con los valores de la sociedad, pues se considera que estos productos están cargados de «poderes» para atraer el amor, obtener dinero, tener éxito en los negocios, dañar al adversario, atraer la buena o la mala suerte… De modo que la parafernalia usada en los ritos constituye una vía para conocer los valores y los bienes, espirituales y materiales, que los creyentes anhelan. Revisando la «perfumería, que es la farmacia de la medicina popular», Clarac encontró, en la región andina, 20 productos para atraer el amor, 20 para la obtención de poder, 27 productos para la suerte, lo que le permite «decir con propiedad que, si juzgamos por la «farmacopea» de la medicina popular venezolana, en la actualidad, *Suerte, Poder* y *Amor* forman el triángulo buscado por todos»[2]. Además de encontrar más de 400 oraciones-imágenes para obtener la necesaria e imprescindible suerte, señala que mientras hay un solo producto para obtener trabajo, cuyo nombre es «Negocio», hay siete para obtener dinero por suerte y se llaman: «Lotería», «Abundancia», «Dios te dé», «Jugadores», «don Juan del Dinero», «Plata» y «Dinero»[3].

Otro investigador, César Vargas, llevó a cabo un registro de los centros mágico-religiosos y de los productos que se ofrecen en venta, además de entrevistas a los dirigentes religiosos de los centros y a sus clientes, en la ciudad de Maracaibo durante los años 85 y 86, que arrojó los siguientes resultados: los centros se hallan dispersos en toda la ciudad, en las urbanizaciones de lujo, en el casco central urbano y en los barrios. En los que se ocupan de cartomancia, quiromancia y parapsicología el costo es mayor y la clientela está compuesta de profesionales universitarios, políticos, artistas y comerciantes y otras personas del sector alto y medio. Estos centros, que disponen de recursos económicos más o menos elevados, se promocionan todo el año utilizando los medios de comunicación escritos y radiales. En total, Vargas registró 141 centros: de espiritismo y magia blanca, 91; de cartomancia, 40; de quiromancia, 3; de magia negra, 7; e hizo también un listado de esencias, jabones, sahumerios, polvos, aerosoles, velones, perfumes, sales, plantas aromáticas, aceites mágicos en 91 «perfumerías» de Maracaibo. Sus observaciones concuerdan con las de otros investigadores que estudiaremos en el capítulo siguiente de este trabajo. Vargas nos dice que un 95% de los brujos afirma que a sus «consultorios acuden personas de todas las capas sociales y profesionales»[4] . La salud y los problemas sentimentales son los motivos de consulta principales, pero a diferen-

---

2   J. Clarac, op. cit., p. 235.

3   J. Clarac, op. cit., pp. 229-245.

4   C. Vargas, *Estudio etnográfico del comportamiento mágico-religioso en la Venezuela contemporánea*, p. 104.

cia de lo que otros antropólogos han señalado respecto al desinterés de los venezolanos por el trabajo, Vargas afirma que lo que más se vendía en las perfumerías son los baños contra la mala suerte y los baños para conseguir trabajo[5]. No deja Vargas de relacionar el crecimiento de los centros de magia en Maracaibo y en otras ciudades del país con la agudización de la ineficacia del servicio médico-asistencial[6], como señalan la mayoría de los estudiosos. El autor, en su combate contra la magia, enumera también, como causas de su crecimiento, el juego y el consumo de alcohol, por las desarmonías conyugales que genera, la influencia de las películas sobre magia que transmiten en los canales de televisión y el cine, y la mala calidad de la educación, que falla en cuanto a la orientación de los alumnos[7]. Aunque la información es valiosa y el trabajo podría considerarse una primera aproximación a los establecimientos que comercian con la magia, el soporte teórico de la investigación no presenta el rigor deseado, por lo que se hace difícil su comprensión.

De los discursos antropológicos sobre lo religioso que hemos analizado se desprende, entonces, que la creencia en la suerte y su afanosa búsqueda ocupa, sin duda, el lugar central en la religiosidad popular, debido a la importancia que se le adjudica en la resolución mágica de las dificultades y conflictos. Gustavo Martin, por ejemplo, señala que los barloventeños creen que cada hombre tiene una estrella que brilla o se opaca de acuerdo con su suerte. Los hombres tienen entonces buena o mala estrella; la «mala suerte», agrega, sirve de explicación a casi todos los hechos desafortunados que ocurren[8]. También la socióloga Nelly García Gavidia señala la importancia que la noción de la buena o mala suerte tiene entre los adeptos y oficiantes del culto de María Lionza. Así, refiriéndose al desempleo, nos dice que la causa de este es vista siempre como «mala suerte». Los adeptos creen que los espíritus pueden premiar a los fieles que cumplen con los rituales,

---

5   Ibídem, p. 103.
6   Ibídem, p. 146.
7   Ibídem, p. 146.
8   G. Martin. op. cit., p. 29.

proporcionándoles «buenas oportunidades». A los que aun cumpliendo no reciben el «premio» de los espíritus, se les estimula a la práctica del culto y se les refuerza con prácticas mágicas para vencer la «mala suerte»[9]. Constatamos entonces que esta necesaria e imprescindible suerte actúa mágicamente sobre la capacidad de obtener ciertas cosas como el dinero, por ejemplo, y actúa también mágicamente sobre el prójimo, con el auxilio de los espíritus como únicos aliados. De aquí se deducen dos consecuencias importantes: primero, que el futuro, expresado en lo que los devotos esperan, desean o anhelan, no depende de la voluntad de los seres humanos, sino del auxilio de lo sobrenatural (de las divinidades y de los ritos), y segundo, que la realización de los deseos y anhelos puede hacerse en detrimento del prójimo. Se trata de mover a la divinidad para que me conceda *a mí* lo que le pido, aun cuando esta concesión pueda causar daños, pérdidas o sufrimientos al otro –cuando no se pide expresamente, como veremos en algunas oraciones, la realización de un daño al prójimo–.

Llegamos, de este modo, a la conclusión de que, dentro del sistema mágico de peticiones, la «buena» suerte concedida a algunos puede resultar en mala suerte para otros, y estos otros deberán poner en marcha los ritos (despojos, limpiezas y ensalmes) para anularla o contrarrestarla. En palabras del lenguaje religioso: los otros deberán poner en marcha las «contras» que deshacen los «daños», inaugurando, de esta manera, una espiral sin fin que nos convierte a todos en perseguidores y perseguidos.

Una lectura más psicológica de la creencia en la suerte nos permite plantear que, así como los infortunios se adjudican a la mala suerte, así también los logros o el éxito se adjudicarán a la buena suerte. En ambos casos, no hay reconocimiento de la propia responsabilidad: los dioses, pero también el azar, guían nuestras vidas, que el viento del destino arrastra hacia un lado o hacia otro. Tampoco, entonces, los logros de los demás merecen nuestro reconocimiento: puesto que

---

9   N. García Gavidia, *El arte de curar en el culto a María Lionza*, p. 78.

son favores de los dioses o son debidos al azar, podemos pasarlos por alto… Comentaremos de seguidas las nefastas consecuencias de esta manera de pensar.

La Antropología religiosa ha propuesto varias teorías para explicar este tipo de razonamiento mágico, desde que Lévy-Strauss, en su libro *El pensamiento salvaje*, demostrara que el pensamiento mágico, el pensamiento religioso y el pensamiento científico no constituyen una línea evolutiva sino que se dan en forma simultánea en la cultura y en los individuos. En un intento por encontrar una explicación histórica a este tipo de razonamiento mágico en Venezuela, Clarac nos dice que, en nuestro país, la «afanosa búsqueda de la suerte muestra la inseguridad en la que se siente un pueblo que ha vivido los traumatismos de la conquista española y luego de la colonización, que ha soportado los caprichos de ‹los que mandan›, dictadores y otros, y que ahora desea su revancha: mandar también en amor, en política, en dinero, y para lograrlo: ¡tener siempre suerte!»[10].

Nosotros pensamos, por el contrario, que nada ganamos al culpar a un tercero de nuestros males, y que la asunción de la responsabilidad es la que nos llevará a un mejor conocimiento de nuestra sociedad y de nosotros mismos. La proyección de la culpa sobre el otro (sea este extranjero –colonizador español o yanqui– o dictador venezolano) agrava el problema, ocultándonos nuestra propia realidad psicosocial. Con lo que sí estamos de acuerdo es con la disposición a mandar que tenemos todos los venezolanos, disposición que entendemos como la persistencia del autoritarismo, de ese autoritarismo que la Sociología ha denunciado tantas veces, y que bien puede utilizar «la revancha» como manipulación política.

En los recorridos que hicimos por las «perfumerías» durante el año 2009 y 2010, en el centro de Caracas, en Catia y en la avenida Baralt, principalmente, confirmamos la proliferación creciente de los comercios y tiendas que ya no se llaman «perfumerías» sino tiendas «esotéricas»,

---

10   J. Clarac, op. cit., p. 239.

con nombres que aluden a las deidades o a los ritos. Prácticamente, la Avda. Baralt hay que cruzarla en zigzag debido a la proliferación de este tipo de comercios a ambos lados de la vía. Desde pequeños establecimientos que venden distintas clases de hierbas sobre todo, y en menor cantidad, velas, tabacos y esencias, hasta establecimientos que ofrecen un surtido diverso de los objetos mágicos que los practicantes de los cultos necesitan. Hay algunos grandes establecimientos, muy concurridos, en los que se despacha por turno.

En estos comercios y tiendas los objetos aparecen mezclados: jabones, esencias, extractos, perfumes, polvos diversos y para fines también diversos; barajas españolas, tarot, tarot de los orichas, al lado de estampas de los santos católicos. Estatuas, a veces de gran tamaño, de los santos católicos y de las deidades afroamericanas, y de las entidades de María Lionza, al lado de estatuas y estatuillas de Buda y de las divinidades del panteón hindú. Estas tiendas y comercios constituyen un mundo por sí solo. En ellos se entroncan la fe, el comercio, las prácticas y los devotos. El dinero circula todo el día y todos los días. Basta permanecer unos minutos en cualquiera de ellas para darse cuenta de que los devotos que solicitan tal o cual mercancía, así como los vendedores, utilizan un vocabulario especial que se refiere a un mundo sobrenatural, que convive con el mundo profano de todos los días: nombres de esencias y jabones, palabras como *trabajo, daño, contra, entidad, espíritu, despojo, limpieza, baño, tranca* y *destrancadera, banco, materia,* y muchas otras, de significado preciso, conforman el léxico de lo sagrado-popular en Venezuela.

Preguntamos en las tiendas y comercios esotéricos por lo que más se vende, por las cosas que el cliente pide reiteradamente, y la respuesta unánime es «prosperidad», es decir, el cliente pide una esencia, un jabón, un baño, «para que le vaya bien en todo». Insistimos en el significado de la palabra «prosperidad», y la mayoría de los presentes en las tiendas nos aclara que la «prosperidad» se refiere a la buena suerte, al amor y al dinero. En cuanto al dinero, específicamente, en este mundo de la religiosidad y de las prácticas mágicas, aparece como un valor independiente del trabajo. Así, por ejemplo, el dueño de una de las tiendas que visitamos nos explica que «las damas interesadas en el dinero, lo que piden, en realidad, es un hombre que tenga dinero y las mantenga, sin importarles la procedencia de ese dinero». En eso se nota, nos dice, que tales damas son «interesadas». Los hombres, en cambio, continúa nuestro informante, «buscan una buena mujer; muchos hombres buscan más el empleo». La reflexión que podemos hacer después de esta información es, obviamente, que la buena mujer es aquella que no está interesada en el dinero. Y dado que el dinero no se adquiere únicamente por el trabajo, la cuestión de la «buena suerte» se vuelve primordial: la buena suerte aumenta las probabilidades de ganar dinero en lotería, carreras de caballos, en una rifa, en apuestas o juegos de azar. Algunos vendedores nos informan que la gente pide más el dinero por vía de la suerte. «Conseguir empleo es una cosa, el dinero es aparte», afirma enfáticamente el vendedor de una perfumería.

Hay un asunto que merece especial atención, dentro de los estudios de religiosidad, y es el del análisis de las oraciones que vienen en el reverso de las estampas de los santos populares y de las deidades de María Lionza y de la santería. Estas oraciones (invocaciones, plegarias, ruegos, conjuros), escritas en el reverso de la estampa, constituyen un elemento principalísimo de los ritos. Recordemos que Jacqueline Clarac encontró más de 400 oraciones-imágenes para la suerte en la región andina. Todos hemos visto estas estampitas de variados tamaños que se venden en las tiendas esotéricas y en los alrededores de algunas iglesias. En ellas, no solo están las figuras de los santos y de las deidades, sino también la función que santos, deidades y espíritus cumplen en la sociedad, al proteger, impedir o promover determinadas acciones y fenómenos. Y dado que las acciones religiosas tienen que ver con este mundo[11], con los bienes y valores de una sociedad, las peticiones de los devotos, las oraciones y las promesas constituyen otra vertiente que nos ilustra sobre estos bienes y valores expresados en deseos, ruegos, necesidades, peticiones y anhelos.

---

11   Véase supra, p. 2.

La creencia en el poder de las palabras la define muy bien Alfredo Chacón en su libro *Curiepe* cuando escribe: son las palabras que los fieles o los encargados del ritual dirigen a los dioses, espíritus o entidades de su devoción; una palabra sagrada que se supone llega a oídos de la divinidad para moverla a la protección, al amparo o a la concesión de la gracia que se pide.

Las plegarias mágicas constituyen toda una dimensión de la cultura tradicional y abarcan por igual los planos lingüísticos de la palabra escrita y la palabra hablada. Su contenido explícito consiste generalmente en invocaciones a las figuras religiosas de cuyo poder divino se pretende disponer a favor del propósito inmediato del acto mágico; en tal sentido, las figuras religiosas son presentadas, mediante variados recursos retóricos, en función de sus hazañas arquetípicas en el campo de la curación, y en general de la solución mágico-divina de conflictos y penalidades. De este modo, las oraciones aparecen como la fijación y la expresión lingüístico-ritual de la representación tradicional de la enfermedad y la curación, y más exactamente, como la fundación mítica de la práctica y la eficacia simbólica del ensalme»[12].

¿Cuál es el mal, la enfermedad, que se pretende curar con la oración?, ¿qué santos o deidades se invocan para solucionar determinados problemas?, ¿cuáles son los problemas o dificultades que con mayor frecuencia registran las oraciones?, ¿cuáles son los deseos y las peticiones de los devotos? Estas y otras preguntas similares nos suministrarían un cuadro de los males que aquejan a los devotos de los santos o deidades invocados; de los atributos de la divinidad que dan lugar a la invocación y a la petición; del tipo de «retórica» de la oración (si es un ruego, mandato o conjuro); de las exigencias y condiciones que plantea la oración; del tipo de promesa con que se compromete al devoto. Gustavo Martin, en su libro ya citado, señala que el vía crucis sirve para curar el cáncer, la tuberculosis y perdonar los pecados mortales; la oración de la Magnífica, para espantar al demonio; el padrenuestro, para sacar a las almas del purgatorio; la oración de santa Rosalía,

---

12   A. Chacón, *Curiepe*, p. 229.

contra la peste; la oración del tabaco, para hacer regresar a alguien[13]. En resumen, el estudio de estas oraciones permitiría un diagnóstico de las carencias, necesidades y expectativas de la población, traspuestas al plano de lo sagrado, quizás por no encontrar la solución en el plano de lo profano cotidiano.

Aunque los límites entre religión y magia no son precisos en ninguna cultura, la relación individual que se establece con la magia sirve para diferenciarla de la religión que, teóricamente, se define con una relación colectiva con lo sagrado, en la que se pide por el bien del colectivo de una nación o de un grupo. La relación personal con la magia y con el brujo es lo que permite afirmar que el mago tiene una «clientela» y que la magia siempre se lleva a cabo en privado. Angelina Pollak-Eltz, en su libro sobre María Lionza, nos suministra una lista de los «anhelos de los adeptos que acuden a los ‹bancos› y médiums día tras día». Estos anhelos son los siguientes[14]:

1. Curar a una persona de una enfermedad auténtica o imaginaria. Protegerse contra las enfermedades.
2. Quitar «la pava», el «mal de ojo», o un conjuro enviado por un enemigo. Protegerse contra hechizos, pavas y envidias.
3. Protegerse contra accidentes.
4. Proteger la propiedad.
5. Concebir o evitar tener hijos.
6. Encontrar y retener a un marido. Solucionar problemas amorosos en general.
7. Hacerse el hombre potente y hacerse amar.
8. Asegurar el bienestar de una persona o de la familia.
9. Tener éxito en los negocios, en los estudios y en la lotería.
10. Encontrar empleo.
11. Purificar la casa de todas las malas influencias.

---

13   G. Martin, op. cit., p. 71.
14   A. Pollak-Eltz, *María Lionza, mito y culto venezolano*, pp. 57-58.

Los «trabajos negativos», añade la autora, tienen los siguientes propósitos:

1. Venganza.
2. Deshacerse de un hombre o de una mujer. Deshacerse de un amante.
3. Castigar a alguien.
4. Causar daños a otros.

Ofrecemos enseguida algunas oraciones que ilustran los deseos y anhelos de los creyentes de nuestro país. Comencemos por Curiepe, el pueblo ícono de Barlovento, con estas oraciones que Alfredo Chacón recogió de la boca de un ensalmador que curaba las picadas de culebra:

Me persigno con los tres clavos de Cristo y me abrazo a la Santísima Cruz para que me acompañe el dulce nombre de Jesús. Jesucristo sea conmigo, la madre que lo parió y la hostia consagrada y la Cruz donde murió. Oh, Virgen de Consolación, Madre de un Verbo Divino, con tu gracia y bendición voy a andar este camino. Dios conmigo y yo con Él, Él adelante y yo atrás d'Él. Dios conmigo y yo con Él, Él adelante y yo atrás d'Él. Paz Cristo, Cristo paz. Amén[15].

Se nota en la oración el tono y el estilo católicos y la estrecha y personal relación entre el devoto y la divinidad. Veamos esta otra oración que se reza mientras se procede a ensalmar:

En el nombre de la santísima Trinidad, Padre, Hijo y Espíritu santo, tres personas distintas y un solo Dios verdadero. Bienaventurado y glorioso son el señor san Benito y san Pablo y san Pantaleón. Líbrame de todo animal rabioso y ponzoñoso por la merced y gloria que el Señor te dio en la hora de tu muerte. Dame Señor tu parabién por el fin glorioso con que quisiste honrar al santo al borde de la cruz (…) Entre paja caminando y brava cu-

---

15   A. Chacón, *Curiepe*, p. 212.

lebra pisando y tan mansa lleguen a mí como mi Señor Jesucristo al pie del santo al borde la Cruz, Amén Jesús.

Santísimo Sacramento, Hijo del Inmenso Eterno dame tu auxilio divino para curar este enfermo que está moldío de culebra, animal rabioso y ponzoñoso, por la merced y gloria qu'el Señor te dio en la hora de tu muerte. Amén Jesús. En el pie traigo una luz y en la mano una cruz. Maldecía sean las culebras por el dulce nombre de Jesús… Amén Jesús. Jesús consumátum es. Jesús consumátum es. Jesús consumátum est[16].

Sigamos con algunas de las que recogió Jacqueline Clarac durante su investigación sobre el culto de María Lionza en la región andina:

Oración al Espíritu de la Buena Suerte

Oh misterioso Espíritu que dirige todos los hilos de nuestra vida. Desciende hasta mi humilde morada, ilumíname para conseguir por medio de los secretos azares de la lotería, caballos u otros juegos, el juego que ha de darme la fortuna y con ella la felicidad y el bienestar que recibirá mi alma, observa que mis intenciones son puras y sanas y que van encaminadas al bien y provecho mío y de mis prójimos…»[17].

Oración al Espíritu Intranquilo

Espíritu Intranquilo, yo te pido, yo te imploro. Espero que corras y te metas en el corazón de (se dice el nombre de la persona) y no le des ni paz ni sosiego, que siempre esté pensando en mí. No le dejes en silla sentarse, ni en mesa comer, ni en cama dormir, siempre y cuando yo rece esta plegaria al Espíritu Intranquilo me lo intranquilice como el agua de mar. Que corra y nadie lo socorra hasta llegar a mis plantas y no ponga su atención en ninguna mujer casada, viuda o soltera y siempre esté pensando en mí. Fulano… Yo juro a Dios y a la santa Cruz que tienes que andar detrás de mí como los vivos detrás de la Cruz…»[18].

---

16   J. Clarac, op. cit., p. 223.
17   Ibídem, p. 242.
18   Ibídem, p. 242-243.

Y la poderosa **Oración del cigarro** (es decir, del tabaco) que sirve para varios menesteres:

Ofrezco este cigarro con los cuatro costados y los cinco sentidos de X, por el santo día en que lo bautizaron y por su santo Ángel de la Guarda, por el santo de su devoción, por el día en que lo engendraron, por el día en que va a morir, por el día en que lo van a enterrar, por los pasos que han de dar con él en el cementerio, por los siete espíritus de X, por los cuatro espíritus que reinan en el santuario de la Reina Margarita, por san Juan de la Calle, para me traiga a X, por san Juan del Camino para que lo ponga en el camino de mi casa, por san Juan del Pensamiento para solamente piense en mí y no pueda pensar en otra mujer, por san Juan de los Amores para que ponga todo el amor en mí, por san Juan del Dinero para que me traiga dinero, por san Juan de los Obstáculos para que me venza todos los obstáculos que tenga X para venir a mi lado, por san Juan de los Cuatro Vientos Norte, Sur, Este y Oeste para me lleven el humo de este cigarro donde él frecuente hasta no estar en la puerta de mi casa, manso y humilde, como llegó Jesucristo a la presencia de Pilatos; así como me emborrachaba a mí este cigarro, así quiero que me emborraches a X de amor por mí. Le ofrezco un Padre Nuestro y un Credo al Ángel de la Guarda de X. san Marcos de León así como amansaste la Draga y el Dragón, así quiero que me amanses a X. Y el espíritu vivo de él para que me lo traigas a la puerta de mi casa por san Juan de las Voces, para que oiga mi voz donde quiera que esté X más voces por el Ánima de la Llorona y las Ánimas Ambulantes. Si tiene cabeza que me piense, si tiene ojos que me vea, si tiene nariz que me huela, si tiene boca que me hable, si tiene oídos que me oiga, si tiene corazón que me quiera, si tiene manos que me tiente, si tiene pies que me busque; que no tenga gusto ni placer si no está a mi lado, ni con mujer ni hombre hablar, ni en la cama pueda dormir ni en la mesa pueda comer...» [19].

---

19   Ibídem, p. 244.

Habremos notado cómo en una misma oración aparecen santos y espíritus pertenecientes a diferentes religiones: el Espíritu Intranquilo, que no sabemos quién es; santos católicos; otros santos inventados, como san Juan de los Obstáculos; los demás santos son don Juanes de la corte de María Lionza, el Ángel de la guarda, la Llorona, las Ánimas Ambulantes (¿serán las mismas que las del purgatorio que también deambulan pidiendo rezos?), todos juntos en una misma oración, porque la magia es acumulativa y se basa en el principio de mientras más, mejor.

Veamos esta otra versión de la oración del tabaco que reproduce Angelina Pollak-Eltz en su libro sobre María Lionza, advirtiéndonos que las prácticas más comunes para llamar a una persona o para encontrar al esposo infiel están relacionadas con el fumar puros. Para que el rito sea eficaz, el «banco» en el altar debe fumarse el tabaco y rezar el conjuro a la vez:

> Se hace la señal de la cruz y se dice: con el permiso de Dios todopoderoso y de la buena voluntad de los Santos espíritus terrenales y celestiales, ofrezco los humos de este tabaco: al juicio, pensamiento y persona, cinco sentidos, materia viva y calmada, naturaleza y cerebro de Fulano. El día de hoy, el día en que nació, el día en que bautizaron, el día en que se ha de morir.
> Tres veces tembló la tierra y tres veces tembló el mar, que así tiemble el corazón de Fulano como me piense abandonar. Tres mil rayos tiene el sol y tres mil tiene la luna, que por tres mil rayos se han de reventar los huesos y coyunturas de Fulano a mis puertas. Fulano con dos te veo, con tres te ato, la sangre te bebo y el corazón te parto. A nombre de Fulano van ofrecidos los humos de este tabaco, válgame las palabras del bautizo, la hora en que te llevaron a la iglesia, la epístola que te rezó el cura cuando te fueron a bautizar, el Credo y el Señor mío Jesucristo que te rezaron tus padrinos en el bautisterio. San Felipe Capuchino sea el patrón que te traiga a mi casa, san Juan Bautista Bienaventurado, que desde el vientre de Isabel fuiste coronado, te pido con gran anhelo, que antes de que yo termine este Credo y tabaco, revientes a Fulano por mi casa. María Lionza, tú que eres tan poderosa, porque Dios te ha dado ese poder, préstamelo para que yo sea buscada, amada y anhelada

por Fulano. Al espíritu de santa Elena, para que lo haga que corra, que yo lo ato con la horma de mi zapato. Si efecto tú me vas a hacer, cinco señas te voy a pedir, y una de esas tú me vas a dar y son niño llorar, gallo cantar, perro ladrar, gato aullar y puertas tocar. Se rezan el Credo y el Señor mío Jesucristo[20].

Aquí Dios, Jesucristo, san Juan Bautista y María Lionza se reúnen, el credo y el tabaco, lo católico y lo indígena, son los poderes que darán «efecto» a la petición.

Cualquiera de nosotros puede ir al centro, en las perfumerías o tiendas dedicadas al comercio con lo sagrado y en los alrededores de la iglesia de santa Teresa y comprar estas imágenes-oraciones, como las llama Clarac. En nuestro trabajo de campo, realizado en estos dos últimos años, hemos notado que el estilo de las oraciones ha desmejorado[21]; además, el estilo es menos dramático y son más reducidas, tal vez para que quepan en la estampita, cuyas medidas son, por lo general, de 9 x 6 cm, las de tamaño más económico (Bs.F. 3). Oración a san Onofre, oración al glorioso san Alejo, oración al Arcángel san Miguel, oración a santa Marta la Dominadora, oración a santa Bárbara bendita reina de la generación, oración a la negra Francisca (la imagen es la de una mujer morena voluptuosa con un ramito de flores y la cara contrariada), oración a san Elías del Monte Carmelo para vencer y dominar a todos sus enemigos, son algunas de las muchas que se venden. La popularidad del Ánima de la Pica Pica es notoria por la demanda de su oración; se cree que sus «cenizas» protegen de la muerte violenta, razón por la cual los policías la piden mucho. Reproducimos a continuación la oración del Ánima de la Pica Pica y la oración a santa Marta la Dominadora que se venden en el centro de Caracas. Nótese el estilo descuidado y los errores de sintaxis, en comparación con los ejemplos anteriores:

---

20   A. Pollak-Eltz, op. cit., pp. 76-77.

21   Hasta en las oraciones han llegado las deficiencias del sistema educativo de nuestro país. Una pérdida notoria en la expresión oral y escrita que se nota en todos los ámbitos, incluso en los universitarios.

Oración al Ánima de Pica Pica

Gloriosa Ánima de Pica Pica, Ángel supremo entre los ángeles ideados por Dios, fuiste asesinado en la noble mula que aguardaba tu regreso y que por ella fuiste encontrado y así poder darte cristiana sepultura, como bien lo merecías y desde entonces eras ánima del bien y del mal, procede rápido en cuanto te pido sea bien o mal como tu lo profesas por el ángel más rebelde del espacio te ofrezco esta vela litúrgica, para que me concedas el favor que en este instante te expongo.

(Aquí se pide el favor que se desea obtener, Amén).

Oración a santa Marta la Dominadora

¡Oh santa Marta!, Virgen Dominadora de la Serpiente. Vos que salvasteis un niño de segura muerte, envuelto por una Serpiente y al cual Dios, por intercesión de santa Marta, le concedió al niño, por medio del toque de un clarín o silbato se acercaran respetando su inocencia (esto ocurrió en África en el año 1400).

Asimismo deseo santa Marta mía, que por intercesión de san Cipriano, me libres de toda maldad y castigues a todo aquel que pretenda hacerme daño, permitiendo que la Serpiente que arropa a santa Marta los domine enredándosele en tu cuerpo hasta que se arrepienta y me pida perdón de rodillas.

Así mismo encomiendo mi fe a san Wenceslao para que... (nombre)... (sea mi amante, esposo o marido) me atienda y no me desampare en mis necesidades, de lo contrario santa Marta lo domine con la Serpiente, para que venga manso a mis pies. Amén.

Se reza un Padrenuestro y un Ave María. (Se prende un velón preparado, santa Marta lo dominará).

La estampa de la oración a santa Marta la Dominadora muestra a una mujer con un traje fucsia bordado, una especie de corona y una culebra con dos cabezas que pasa por sus hombros y sus brazos. Podría ser una imagen de María Lionza.

Terminemos este muestrario de oraciones con la oración a san Onofre que obtuvimos recientemente en la iglesia de san Francisco:

Glorioso san Onofre

Poderoso defensor mío, nunca abandones a mis seres queridos ni a mí, protégenos y concédenos la salud y prosperidad. En ti deposito todo lo que hay en mi ser y dejo en tus manos todo lo que pueda pasar, te pido apartes de mi camino toda fuerza negativa así como también a todas aquellas personas que deseen hacerme daño, en ti confío en ti me amparo dame tu bendición por siempre.

Glorioso san Onofre, a quien he escogido por mi protector particular y en quien tendré absoluta confianza, concédeme que yo experimente los saludables efectos de tu poderosa intersección con nuestro Dios. En tus manos deposito todas mis necesidades y en particular las que hoy pongo bajo tu protección. Alcánzame pues este favor y todas las demás gracias necesarias para liberarme del pecado y conseguir la salvación de mi alma… Amen. Gracias san Onofre por favores recibidos, y por tu divina bendición con el permiso de dios todo poderoso, muchas gracias por escuchar mi petición, amén.

Como se puede apreciar sobre todo en la oración a san Onofre el lenguaje empleado es bastante escueto. Pareciera que el objetivo es borrar toda connotación mágica. Imaginamos que la «fuerza» negativa es el demonio, porque, en el caso contrario, se trataría de fuerzas negativas de la naturaleza y del cosmos, como las conciben los animistas y la Nueva Era. Faltan signos de puntuación. El segundo párrafo es aún más deprimente: «he escogido por mi protector» debería ser «he escogido como protector»; «tu poderosa intersección con nuestro Dios» es un disparate: debería decir «tu poderosa intercesión ante nuestro Dios». La expresión «deposito todas mis necesidades…» es francamente de mal gusto, y el coloquial «Alcánzame pues este favor», ni se diga. No creo que nadie se conmueva recitando esta oración. Y no es error nuestro: el «dios» del tercer párrafo está escrito con minúscula y «todo poderoso» es una sola palabra. En fin…

Y así como cada oración sirve para algo específico, y los daños y las contras se hacen atendiendo a una realidad determinada, asimismo cada jabón, esencia o baño sirve para un determinado propósito. Evidentemente, hablar sobre la práctica de la religiosidad popular es asunto de nunca acabar, pues los productos, naturales y artificiales, surgen de las necesidades de los fieles, porque la religiosidad popular está pendiente del *pan nuestro de cada día dánosle hoy*. Dejemos nuestro estudio hasta aquí, pero antes de pasar al tercer capítulo de este trabajo quisiéramos referir la escena a la que asistimos sentados atentamente en una silla de un almacén esotérico de la avenida Baralt que atendía por turno y con varios puntos de venta en el largo mostrador. Los vendedores, hombres y mujeres, más de 10, no se daban abasto con tantos pedidos. Nosotros observábamos y ni ojos ni oídos eran suficientes para abarcar el mundo que allí se desplegaba. De pronto entró una joven: tacones altos de plataforma de corcho, *short* muy pegadito de *blue jean*, franela escotada que no lograba tapar lo que todo el mundo imaginaba, y morena como era, casi negra, una masa de trencitas amarillas le caía en la espalda. Me quedé muda. Ochún, la diosa del amor en la santería y en la mitología yoruba, había hecho su aparición esa mañana neblinosa, en la tienda. La joven, de unos 24 a 27 años, se tongoneó hasta el mostrador; los vendedores, extáticos, esperando, y yo pude oír:

–José, dame dos frascos de «Amansa-guapo», ahí.
–¿Y para qué tú los quieres, mi reina?
–No serán para ti, que ya te tengo amansaíto.

Salió Ochún con sus dos frascos y las miradas de todos que la envolvían. Iba por la avenida Baralt como una reina, mientras yo, humilde investigadora, no salía de mi asombro.

En otra ocasión, entro a una tienda de una santera venezolana en los alrededores del Centro Simón Bolívar y le pregunto si tiene la estampita de san Alejo:

-Sí tengo, pero no te lo recomiendo, porque llevo un año pidiéndole que me lo aleje de Miraflores y todavía está. No lo vendo, lo tengo castigado y no lo vendo.

2. CADA QUIEN CON SU CREENCIA

Cuando decimos que los venezolanos no tienen formación religiosa y, por ende, tampoco tienen convicciones religiosas firmes, a algunos les parece bien porque piensan que así no se dejarán manipular. Pero esto no es rigurosamente cierto. Puede ser incluso lo contrario: por no tener una sólida formación religiosa, los venezolanos creyentes pueden caer fácilmente en fascinación por una religión o por un líder religioso carismático. Como pudimos deducir a través de nuestras entrevistas y trabajos de campo, la mayoría de las personas que se confiesan católicos se consideran «católicos no practicantes» («católico a mi manera», «en teoría católico», «católica por herencia») y con esta aclaratoria quieren precisar que son católicos, pero que no cumplen con la práctica religiosa. Son entonces los que hemos llamado, en el capítulo I, «católicos de fachada»: no rezan, no confiesan se ni comulgan, no van a misa o van muy de vez en cuando, pero asisten a los oficios religiosos cuando se trata de conmemorar un evento familiar: bautizos, matrimonios, misas de difuntos, principalmente. Muchos añaden incluso que van a estos oficios «por cumplir» o «por obligación». De entrada, debemos señalar que, salvo en los católicos, los devotos de las otras religiones que se profesan en Venezuela no se clasifican en practicantes y no practicantes. Los evangélicos, santeros, marialionceros, si son de esas religiones es, precisamente, porque las practican. La razón, quizás, de esta clasificación entre los católicos, está en que la religión católica forma parte de una tradición familiar que puede ser continuada o no por los individuos en el transcurso de sus vidas. Cuando la tradición es interrumpida, ello no significa, sin embargo, que el individuo renuncie a su religión o se afilie a otro credo religioso.

En cuanto a la religiosidad, es decir, a la práctica religiosa diaria, la mayoría de los entrevistados[22] se consideran personas religiosas. Creer

---

22 Agradecemos a Melisa Barreto, Fredery Calderón, Laura Larralde, Marta Maier, Jhonny Phelps, Garcilaso Pumar y Thibault Uzu, quienes nos pusieron en contacto con personas de diversos estratos sociales para la realización de las entrevistas y conversaciones que sirvieron de apoyo para nuestro trabajo de campo.

en Dios y practicar más o menos la religión son los requisitos míni-
mos para definirse como personas religiosas. He aquí una definición
de lo que la mayoría de los entrevistados considera ser religioso: «Sí
(soy religioso), porque creo en Dios, porque trato de cumplir con los
mandamientos de Dios, porque asisto a la iglesia, voy a misa cuando
puedo» –la respuesta es de un mesonero de 24 años–. Así mismo, un
joven de 20 años, que trabaja como cocinero en un café y se confiesa
palero, nos dice que es religioso «porque tengo 14 años practicando
esa religión». Por el contrario, no se considera religioso el presidente de
una ONG, de 32 años, quien afirma: «No, porque no practico rituales
propios de la religión, no voy a misa, no profeso fe a santos». Pocas
personas se refirieron a la relación con algo trascendente para definir su
religiosidad, entre ellas, un bioanalista de 63 años, que vive en Petare y
dice: «Yo diría que mucha gente puede ser religiosa sin pertenecer a una
religión particular, porque la religión debe tener algún tipo de vivencias,
de devociones comunes a todos los seres humanos, independientemente
de si esas vivencias están estructuradas en una religión particular». La
administradora de un colegio, de 64 años, que vive en La Castellana,
nos dijo: la religiosidad es el punto final de la vida, lo que nos permite
actuar, comportarnos y ser, en función de una esperanza que tenemos
de que todo no termina en este mundo». Asimismo, un abogado, de
69 años, quien se ocupa de actividades culturales y se considera «muy
religioso, muy espiritual», cree que «hay una existencia después de
esta; tengo una relación con el universo muy grande, eso me viene de
mis padres, sobre todo de mi padre, que era un hombre muy devoto».
A pesar de estas respuestas que relacionan la religiosidad con la trascendencia y resultan particularmente interesantes por eso, podemos
afirmar que, en general, la práctica religiosa (y no la trascendencia) es
lo que define mayormente la religiosidad para nuestros entrevistados.

La mayoría de los venezolanos de todas las edades rezan, no solo
las oraciones ya conocidas de la Iglesia católica como el padrenuestro y
el avemaría, sino que muchos nos aclaran, evangélicos o no, que oran.
Orar significa para ellos que no se conforman con decir una oración

de memoria sino que conversan con Dios, le piden y le agradecen. Algunos aclararon que rezan poco o rezan solo en momentos difíciles. Pocas personas dijeron que no rezaban y adujeron como razones que perdieron la costumbre o no creen en el rezo. Lo importante es destacar que hay un porcentaje grande de personas que rezan u oran: por su familia, por la paz del mundo, por Venezuela, para pedir perdón, para pedir ayuda, para agradecer y para sentir tranquilidad.

La mayoría le reza a Dios y a algún santo de su preferencia: José Gregorio Hernández es el santo al que más le rezan; le sigue la Virgen María en sus diferentes advocaciones: Virgen de Betania, María Auxiliadora, la Rosa Mística y otros santos, como san Marcos de León. También se le reza a un «Dios interno» y al «universo». Pensamos que muchas de las personas, sobre todo aquellas pertenecientes a las clases más desfavorecidas, le rezan únicamente a Dios por influencia evangélica, a sabiendas o no. Cuando en años anteriores preguntábamos: ¿A quién le reza usted?, la mayoría de las personas respondían diciendo que le rezaban a san… o a santa…, el santo de su preferencia. Ahora, le rezan primero a Dios y después al santo de su escogencia, tal como lo advertía J. Clarac para los Andes[23]. Pensamos que mientras más ganan terreno las iglesias evangélicas, más se dirige la oración a Dios solamente.

La creencia en Dios es una constante en todas las entrevistas y en todas las conversaciones: todos los entrevistados creen en Dios; incluso las personas que dijeron no tener ninguna religión creen todas en Dios. «Yo no diría que soy ateo», dijo expresamente una persona que afirmó no profesar ninguna religión. En cuanto al concepto mismo de Dios, nos parece que Dios es concebido como una fuerza que todo lo puede, una fuerza cósmica o de la naturaleza que poco sugiere la personificación de un padre bondadoso. Sirva la siguiente respuesta de un entrevistado de 44 años, chef de cocina, para ilustrar lo que

---

23 Véase supra.

acabamos de decir: «creo que hay una fuerza superior que está, de una u otra manera, guiándonos a los que tenemos fe en ella». De las entrevistas y conversaciones se deduce un concepto muy primario de Dios, una fuerza incluso no tanto religiosa sino sagrada, es decir, una fuerza que no se concibe como un elemento cultural sino natural, pero eso sí, una fuerza solo bienhechora: «Dios no castiga», afirma la mayoría de los entrevistados. El nombre de Dios se pronuncia muchas veces durante las entrevistas y conversaciones, pero el Diablo no. Los católicos dejarán de hacer ciertas cosas («baños», consultas a hechiceros o a adivinos) porque no son del agrado de Dios, o «por temor a Dios», pero no porque sean cosas del Diablo y cometerían pecado si las hicieran.

Como habíamos señalado, de manera general, la religión católica forma parte de una tradición familiar que tiene como figura central a la madre, y sobre todo, a la abuela, depositaria y transmisora de la catolicidad. La religión católica pertenece al ámbito de la infancia del individuo: allí despierta y se consolida, en la casa y en los colegios (si se trata de un colegio de monjas o de curas). Con el transcurrir del tiempo, la religión se convierte en un vago recuerdo que deja la creencia en Dios, algunas normas de conducta contenidas en los Mandamientos y la obligación de portarse bien para ir al cielo. Así, pues, la religión es algo que quedó en la infancia y no creció ni maduró con el individuo; de allí su inconsistencia, su incoherencia y su superficialidad. Los entrevistados católicos lo son «porque me educaron en la religión católica», «porque fue la religión que me inculcaron mis padres», y así por el estilo: no se asume la religión como un compromiso que genera una posición ante la vida, junto con el acatamiento de normas y preceptos. Así, y dentro de esta misma idea, algunas personas nos han dicho que rezan porque aprendieron a hacerlo desde pequeñas o «porque me enseñaron a rezar todas las noches».

Siguiendo con la tradición, hay que agregar el poco o ningún conocimiento que tienen los entrevistados católicos de los preceptos y dogmas religiosos. La mayoría de los católicos, por ejemplo, dicen que recuerdan vagamente el catecismo y los diez mandamientos. Aparte de este catecismo, aprendido durante la infancia, de las oraciones fundamentales (padrenuestro, avemaría y credo) y de uno que otro mandamiento, no conocen nada más. El dogma de la resurrección, el de la virginidad de María, el de la infalibilidad del papa, el misterio de la Santísima Trinidad, los sacramentos, son ignorados por la gran mayoría de los entrevistados que se confesaron católicos. Tampoco mostraron interés por la lectura de textos religiosos. La mayoría confiesa que leyó el catecismo o algún otro texto religioso cuando eran pequeños. Algunos dicen no recordar nada de esas lecturas y otros dicen que les enseñó a hacer el bien y a ser mejores personas. Hubo, sin embargo, una señora mayor, que vive en Carapita, pertenece a la Legión de María y se definió como «católica, apostólica y romana», que contestó con cierta precisión, consistencia y firmeza sobre su devoción. Lo mismo sucedió con un joven de 24 años que mostró una coherencia inusitada en materia religiosa para su edad. Cuando se lo hicimos notar respondió, no sin cierto orgullo: «yo soy de los Andes». Fuera de estos casos, muchos de los entrevistados, sean del estrato social que sean, responden con vaguedad y superficialidad sobre los preceptos y los dogmas, Dentro de este estado de cosas, llama la atención también que los católicos estén dispuestos a asistir a oficios religiosos de otra religión si los invitan los amigos; sobre todo los católicos no practicantes dicen que no asisten a oficios religiosos de otra religión porque no les llama la atención, o porque no han tenido la ocasión de asistir. En ningún momento se asume una posición frente a la propia religión, sino que da la impresión de una disponibilidad y una permisividad que les permite a los católicos moverse a sus anchas en el universo religioso.

Hay que subrayar, en relación con lo que acabamos de señalar en el párrafo anterior, que no sucede lo mismo con los evangélicos o con los devotos de la santería y de María Lionza, primero porque los devotos de María Lionza y de la santería se consideran católicos y, al ser satanizados por las iglesias oficiales, se esfuerzan en argumentar y explicar su posición ante el mundo. Y los evangélicos son, en su gran mayoría, fieles a su iglesia, con algunas desviaciones en relación a la brujería, pero sin incursionar en otras iglesias.

La práctica religiosa, entonces, se maneja con una gran discrecionalidad que no tiene, a fin de cuentas, relación con el conocimiento religioso o con las experiencias religiosas universales. El propio sentir y la opinión de los entrevistados les basta, y los esgrimen como argumentos válidos. Tales actitudes los llevan muchas veces a la infatuación. Frases como: «yo soy católico, bueno, a mi manera», «en estos momentos pienso que mi religión es mía, es lo que yo creo dentro de mí»; «en estos momentos estoy practicando budismo, pero a mi manera»; «creo en Dios. Él está aquí al lado mío»; «no sé, todavía no tengo (religión), ver para creer»; «rezar oraciones de memoria, tipo rosario, no me gusta»; «depende de lo que llamemos religiosidad»; «me gusta la religión, es muy bonita». Pareciera, en los ejemplos anteriores, que no son las personas las que se afilian o comulgan con una religión, sino que es la religión, como institución, la que se somete y se conforma con las personas, con sus gustos y sus estilos de vivir. Esta actitud podría revelar una influencia de los presupuestos de ese supermercado religioso que se conoce como la Nueva Era, que insta a las personas a confeccionarse su propia religión y su propio estilo de vida religioso, a partir de la oferta que se ofrece en el mercado, de objetos, libros, música, etc. Pero también nos habla de la permisividad de la Iglesia católica, sobre todo, que no toma posición frente a la laxitud de sus fieles, tal vez por temor a perderlos.

La discrecionalidad es típica de nuestro tiempo, y típica de la Nueva Era. Se trata de poner las instituciones, los conceptos, la tradición, las experiencias, a mi servicio y de adaptarlos a mis necesidades, a lo que yo quiero y deseo. Es una actitud narcisista que ha sido investigada por sociólogos y psicólogos y que se explaya en el individualismo y la necesidad a ultranza de expresarse y de sentir. Por eso son muy frecuentes las expresiones como: a mi manera, me parece a mí, así es como yo lo veo, en mi opinión, a mi estilo, y otras parecidas. La persona es el centro del saber y del sentir y no tiene ninguna duda acerca de su posición, así contradiga los hechos, la experiencia o el conocimiento. «Bueno, pero esa es mi opinión», o «a mí me parece que es así como yo te digo», son frases que, a menudo, ponen fin a una discusión, incluso a una conversación. Se entiende que con actitudes semejantes, la crítica y la confrontación son difíciles de soportar. Esta indisposición al diálogo, en nosotros que tenemos fama de conversadores, revela la incapacidad de cuestionarse y de reflexionar. Y esta incapacidad o dificultad para reflexionar y cuestionarse apunta a algo muy delicado y muy visible en los venezolanos: la dificultad de asumir responsabilidades que hemos venido señalando a lo largo de este trabajo, y que tiene que ver con la dimensión persecutoria del mal, tal como lo expusimos en el capítulo I. Aquí nadie es responsable, ni el presidente de la República, ni el gobierno, ni los políticos, ni los vigilantes, ni los banqueros, ni los maestros, ni los obreros… La culpa siempre es del otro, porque no aceptamos nuestras faltas. En otras palabras, los venezolanos nos defendemos de todo, porque nos cuesta admitir el error y retractarnos. Muy grave. La superficialidad, además, da una apariencia de flexibilidad (yo creo, a mí me parece, si me permites, no sé tú, eso depende de cada quien, etc., son frases que parecen conciliadoras), pero esta aparente flexibilidad y condescendencia frena el desarrollo de las ideas, dificulta el aprendizaje y deja los problemas sin resolver.

La negación de la realidad que no sea de mi agrado, el creer que yo lo puedo resolver todo y la crítica y el desprecio a todo aquel que me contradiga constituyen lo que los psicoanalistas denominan la tríada maníaca que se manifiesta en la actitud omnipotente ante la vida. Nuestro trabajo no pretende criticar por criticar, ni poner el dedo en la llaga, pero sería conveniente reconocer que hay una cierta infatuación en nuestra posición ante el mundo y cierta necesidad de controlar que nos llevan directamente a la intolerancia y al autoritarismo. No en balde estamos viviendo una polarización que va más allá de lo político. «Éramos felices y no lo sabíamos» es una consigna que repiten irresponsablemente algunos miembros de la oposición venezolana al régimen de gobierno actual, como si la corrupción, la delincuencia y la pobreza acabaran de surgir en nuestro país. Mientras tanto, en nuestros recorridos por el centro, oímos, en la llamada «esquina caliente» de la Plaza Bolívar, un espacio tomado por afectos al sector oficial, una propaganda del gobierno que decía: «Se puede decir que estamos en el momento de la explosión del éxito». Que cada quien saque sus propias conclusiones.

Si nos sentimos perseguidos y perseguimos, la confianza resbala bajo nuestros pies; si creemos que la culpa es siempre del otro, no podemos mejorar ni corregir nuestros defectos y errores; si creemos que tenemos la verdad y que nuestras opiniones no pueden ser refutadas, no toleraremos las discrepancias o las propuestas diferentes; si creemos que nos las sabemos todas, ¿para qué aprender?

Se trata de reflexionar sobre estos asuntos para seguir adelante y no quedarnos repitiendo el mismo comportamiento. El estudio de la religiosidad y de las religiones es un camino apropiado para conocer la realidad social y para conocer a los individuos que componen esa realidad. Ya dijimos que las religiones son instituciones sociales, con normas y preceptos, que ponen el énfasis en lo sobrenatural, en el *más allá*, cuando en realidad tienen que ver muy directamente con el *más acá*, con el pan nuestro de cada día, esto es, con el *aquí y ahora*. Sí: voy a ir al cielo cuando muera pero... si me porto bien *aquí* en la tierra. Y portarse bien es, según cada religión, tener un comportamiento dictado por unas normas, preceptos y dogmas, por unas reglas que rigen la vida personal y la vida colectiva de una sociedad.

Un rasgo a resaltar es que las personas que respondieron que no tenían ninguna religión a menudo no se diferencian de aquellos que se definieron como «católicos no practicantes». No tener ninguna religión no significa, en modo alguno, no creer en Dios, en milagros o en brujería. Se trata más bien de no pertenecer a ninguna institución religiosa. Lo anterior se corrobora cuando las personas aclaran que rezaban en su infancia, que iban a su misa con la madre o con la abuela, pero que en algún punto, al crecer, la religión dejó de interesarles. Muchos de ellos confesaron que no tendrían ningún problema en asistir a una ceremonia religiosa de cualquier religión «si me invitan». «No he asistido, pero no tendría problemas porque no estoy en contra», afirma una persona que dijo no pertenecer a ninguna religión. Además, tanto las personas que no están afiliadas a ninguna religión como los católicos no practicantes son (o fueron) católicos, pues suelen haber sido educados en una familia católica.

Contrastan la actitud y el comportamiento de los católicos con la de los devotos de las iglesias evangélicas, generalmente muy activos, donde la enseñanza y el adoctrinamiento de los fieles son continuos. Incluso para acceder al bautizo y entrar a formar parte de una Iglesia evangélica, el iniciado debe tener el nivel de conocimientos adecuado para recibir el bautizo. Una entrevistada que se define como evangélica pentecostal, de 31 años, nos habla de sus actividades semanales: «Los viernes es vigilia; el lunes oraciones para la familia; los martes congregación de damas. Trato de ir los domingos porque ahora tengo trabajo. La iglesia me queda cerca, voy a pie. Me encanta, me fascina». Este fervor religioso que raya en el entusiasmo no lo hemos encontrado en fieles de otras confesiones. A diferencia de los católicos, que van a los oficios religiosos por cumplir o por obligación, los evangélicos leen la Biblia y están sometidos a un constante aprendizaje; los conocemos por su disposición a hablar, y sabemos que viven en misión evangelizadora permanente. Por otra parte, para los evangélicos, como hemos visto en el capítulo anterior y en las entrevistas, Satanás es una personificación muy activa y poderosa del Mal: el enemigo de Dios debe ser siempre combatido sin descanso.

Santeros, marialionceros, paleros, conocen los rituales y los gestos de sus dioses. No hay que olvidar que se trata de religiones que fueron perseguidas durante muchos años y que han aprendido, por eso, a defenderse; son religiones cuyos rituales, además, tienen siempre una cierta urgencia, pues se trata de enfermedad y desgracia la mayoría de las veces. Por otra parte, puede ser que el individuo se inicie en ellas desde pequeño, pero generalmente los adeptos a estas religiones paganas ingresan a ellas en la juventud o en la adultez, lo que significa que se trata de una decisión que el individuo toma en un momento de su vida. Igual ocurre con los evangélicos cuando deciden formar parte de una de las numerosas iglesias que existen en el país.

Nuestras entrevistas refuerzan lo que habían señalado algunos sacerdotes de la religión católica, como el sociólogo Pedro Trigo, ya mencionado en el capítulo anterior. Ante la penetración de las iglesias evangélicas, la Iglesia católica corre el riesgo de ver disminuido su rebaño. Y una religión como la santería, que necesita del catolicismo para estructurar sus ritos y establecer un sistema de correspondencias entre santos y orichas, corre también el riesgo de ser devorada por el activismo evangélico. Aunque las encuestas hablan de un 82,8 % de católicos en Venezuela y nuestros entrevistados se declaran católicos en su mayoría, las cifras no son tan ciertas cuando uno observa la práctica casi nula de la religiosidad y el desconocimiento de los dogmas y preceptos católicos.

La mayoría de los entrevistados, sobre todo mujeres que confiesan ser católicas (practicantes y no practicantes), manifestaron ciertas simpatías por los comportamientos y por las actitudes religiosas evangélicas al admitir, a veces con mucha firmeza, que «no soy persona de adorar imágenes», que no creen en santos, «solo en Dios». Cuando les preguntamos si esa actitud tendría algo que ver con las iglesias evangélicas, manifestaron no saberlo, o bien admitieron haber tenido en su niñez y adolescencia alguna influencia evangélica: «He asistido cuando era muy niñita; una tía abuela me llevaba a las reuniones de la escuela dominical de los evangélicos y, adolescente, a los Testigos de Jehová. Ahorita no, porque no me interesa». «Tuve una compañera (de la iglesia pentecostal) que ella fue la que me encaminó; ella siempre me hablaba, y como a mí no me gusta eso de adorar imágenes…».

De alguna manera, los entrevistados se dan cuenta de lo que hemos venido diciendo sobre la ruptura entre la teoría y la práctica entre los católicos cuando afirman que la religión no es importante para los venezolanos porque son «superficiales»; otros dicen que la religión es «puro comercio» o que la gente es religiosa «de la boca para afuera». «Son más los que cada día se alejan de la religión como institución para crear un religión adentro», nos dice una joven de 30 años que vive en Catia y estudia en la universidad. Una joven de 20 años, estudiante también, nos confiesa que «las prácticas religiosas me parecen pura hipocresía».

Es importante la religión, nos dice un bioanalista que vive en Petare, «pero me parece que se vive de manera muy superficial». Un grupo opina que el venezolano no es religioso (en el sentido de tener una religión) sino supersticioso. La banalización del hecho religioso también ha sido mencionada en las entrevistas. Por último, algunos entrevistados perciben a los venezolanos como personas que andan buscando a qué aferrarse. «La gente anda buscando en qué creer y el catolicismo es demasiado tradicionalista», nos dice una persona de 35 años que trabaja en una empresa de publicidad. «No me va bien con Dios; vamos a ver cómo me va con el santerismo» proclama, no sin cierta ironía, una señora de 48 años que se ocupa de la limpieza en un edificio público y que resume con esta frase el razonamiento de muchos de los devotos.

Para comprobar que los creyentes hacen préstamos de una religión y de otra, basta decir que algunos evangélicos admitieron haberle hecho promesas a José Gregorio Hernández «cuando mi hijo se enfermó». Una entrevistada de la Iglesia evangélica «Luz del mundo» nos cuenta: «En Coro, cuando mi bebé se enfermó, porque tenía mal de ojo, el papá lo llevó para que le rezaran, lo cruzaran. Yo lo veía de lejos. Yo llamo esas personas hechiceros»; Así mismo, un entrevistado que nos dijo que practicaba el budismo «a su manera» expresó con mucho entusiasmo que le encantaban los rituales como los baños, fiestas en honor a las divinidades de la santería en la playa, lectura de cartas, tarot, «todo eso», además de llevar consigo amuletos para su protección: la creencia es heterodoxa; el creyente toma lo que le conviene y es muy difícil que las personas puedan ser clasificadas en una sola casilla religiosa. «Todo lo que me sirva, yo lo uso», dijo igualmente esta persona que se definió como «budista a su manera» al principio de la entrevista.

A estas alturas de nuestro trabajo, podemos decir que, en relación con los que se definen como católicos, se nos ha hecho muy difícil encontrar una coherencia religiosa en ellos: se dicen católicos, pero no cumplen con los preceptos, no tienen ningún conocimiento de lo que significa ser católicos, asisten a los oficios por cumplir y estarían dispuestos a asistir a oficios de otras religiones. La instrucción religiosa se detiene en la infancia… Pero, así mismo, los que dicen no tener ninguna religión rezan en momentos difíciles, también asisten por obligación a los oficios religiosos y pueden tener una imagen de un Cristo o de una Virgen en su casa. A partir de estos datos se llega a la conclusión de que resulta muy difícil la clasificación de las personas en cuanto a su religión. Se esgrime un calificativo, una definición, pero en la medida en que la entrevista avanza notamos que la religiosidad, cualquiera que ella sea, está hecha de retazos y de préstamos, un mosaico de colores cambiantes, y cambian los colores por gusto, por la conveniencia personal o no se sabe por qué. Frente a este panorama, lo menos que podemos decir es que la religión de los venezolanos, tan personal como es, se ha vuelto inocua socialmente. Nos complace señalar, sin embargo, que nos parece poco probable que los venezolanos se vuelvan radicales o fundamentalistas en materia religiosa. Los grupos adversos a la Iglesia y a distintos sectores que apoyan al gobierno han llegado a insultar a los dignatarios de las religiones instituidas, burlarse de los representantes de las diversas iglesias del país, profanar las iglesias, destruir las estatuas… y aun así, las reacciones por parte de la Iglesia católica y de los opositores al régimen han sido, hasta cierto punto, leves. El clero católico, la comunidad judía, y algunos miembros de las iglesias evangélicas han criticado la violencia contra lo sagrado. La oposición política ha condenado los ataques a las iglesias y a sus representantes. La gran mayoría del pueblo venezolano desaprueba estas acciones, pero no lo manifiestan, ni siquiera cuando le cortaron las manos a la Patrona de Venezuela y le cortaron la cabeza a José Gregorio Hernández, el santo más popular del país. Hubo poca reacción, aparte de algunos comunicados de las iglesias condenando los hechos. Los larenses, tan devotos de la Divina Pastora, quedaron consternados ante la tibia reacción del clero católico frente a la agresión a su santa patrona, que constituye un símbolo de identidad para ellos.

Sin embargo, y a pesar de estas tibias reacciones, no es menos cierto que ha habido una especie de renovación religiosa entre los venezolanos. De acuerdo con nuestras observaciones, creemos más bien que nunca lo religioso se ha hecho tan visible en el país, nunca se ha rezado tanto en

Venezuela como en estos últimos años: cadenas de oración, procesiones de las vírgenes, vigilias convocadas, hasta rosarios en los condominios de los edificios. Dada la inseguridad, la violencia, la incertidumbre jurídica, la carestía de los servicios, todo el mundo reza en Venezuela, pues como dijimos en el capítulo anterior, los que no tienen, rezan para tener; y los que tienen, rezan también porque temen perder lo que tienen.

En cuanto a la tolerancia religiosa[24], hemos notado que los entrevistados católicos tienden a justificar a las otras religiones, sobre todo a las paganas, diciendo que las iglesias oficiales se quedaron rezagadas y no se adaptaron a los tiempos, por lo que no son capaces de resolver los apremiantes problemas de la gente con la celeridad con la que lo hacen la santería y «otros cultos», que incluyen dentro de la brujería. Sí, para la mayoría de los entrevistados, santería y María Lionza son vistas como «brujería» y como «cosas malas». A muchos de nuestros entrevistados les cuesta admitir que la santería y María Lionza sean religiones, y otros se extrañan o dudan en darles dicho calificativo. Con respecto a esta cuestión, hay que decir que la satanización y desvalorización de las religiones populares tiene que ver con el patrón religioso impuesto por la Iglesia católica desde los primeros tiempos de la conquista y colonización del continente americano. Los preceptos, dogmas, ritos y prácticas de la Iglesia católica se impusieron y han sido el paradigma con el que se mide y se ha medido la religiosidad de los pueblos latinoamericanos. Solo desplazando este paradigma se pueden comprender las otras religiones de América Latina y el Caribe: las religiones indígenas, las nacidas del sincretismo entre la religión católica y las religiones africanas traídas

---

24   El concepto de tolerancia merece una aclaratoria: Mirabeau señala lo siguiente: «la existencia de autoridades con poderes para tolerar, significa un ataque a la libertad de pensamiento; porque justamente, si tolera, tiene también el poder de no tolerar». (…) Goethe ha señalado otra falla de la simple tolerancia: «En realidad, la tolerancia debería ser solo una intención transitoria que desemboca en el reconocimiento. Tolerar significa ofender». Por mi parte quisiera incluir la idea del reconocimiento de la legitimidad de las peculiaridades ajenas para completar el concepto de tolerancia. Porque reconocimiento no significa adopción del credo, de la forma de vida o de la peculiaridad cultural del otro, sino solo el respeto hacia ellos con igualdad de derechos. I. Fetscher. *La Tolerancia*, pp.19-20.

durante la esclavitud, las iglesias protestantes. Solo mediante este desplazamiento del paradigma religioso históricamente impuesto podremos comprender también que los aspectos mágicos son consustanciales a toda religión y no son exclusividad de las religiones populares. Y, de nuestros entrevistados, son particularmente, los católicos los que responsabilizan, velada o abiertamente, a la Iglesia católica de no haberse ocupado de esa gente «ignorante» y de no haberlas sacado del error. Otros opinan que cada quien tiene «libre albedrío», con lo que quieren expresar que pueden escoger lo que quieran como religión. Los evangélicos, por su parte, afirman categóricamente que marialionceros y, santeros y demás «sectas» están equivocados y que esas religiones representan ataduras del Demonio: «te conceden cosas para que los sigas adorando y después te las quitan». A pesar de estas opiniones, nuestros entrevistados, en general, manifestaron una actitud de respeto hacia las otras religiones, y por eso queremos subrayar, muy enfáticamente, la actitud más bien conciliadora de la mayoría de las personas hacia los creyentes: «no estoy de acuerdo, pero los respeto», sería la síntesis de la posición de los entrevistados frente a otros credos. La tendencia es, pues, al respeto por la creencia distinta, o bien la indiferencia a la misma.

Podemos ver como un rasgo de respeto hacia los creyentes el que las personas puedan cambiar de religión a lo largo de su vida, bien sea por una crisis personal (la religión que profesa no le satisface) o porque la religión la defraudó (porque se comercializó, se banalizó o por el comportamiento de sus oficiantes). En este sentido, si la religión no genera beneficios para el devoto o no colma sus expectativas, este puede abandonar sus filas y afiliarse a otra. Esta actitud y este comportamiento pueden aceptarse como un intento de comprensión religiosa, pero también pueden ser vistos como una muestra de la permisividad de los fieles y de las propias iglesias.

Algo interesante de señalar: en las personas de los estratos desfavorecidos y en aquellos de la clase media, con sueldo mínimo y nivel de instrucción que no sobrepasa la primaria, la creencia en Dios es lo único que define su religión y su religiosidad. Generalmente estas personas se consideran católicos, pero no tienen ninguna preocupación y mucho menos reflexión, así sea superficial, sobre el tema religioso. Contestan escuetamente «sí» o «no» a la mayoría de las preguntas que les hacemos sin ahondar en sus respuestas. Son personas que no rezan, no asisten a ningún oficio, no han leído o no recuerdan ningún texto religioso, no saben ninguna oración ni los Mandamientos. En realidad, no les interesa para nada la religión, pero se dicen católicos quizás por costumbre o porque les da igual. Esto corrobora lo que Castillo Sosa había señalado respecto a la disminución del interés religioso en el estrato D, pero sobre todo en el estrato E[25]. Creemos que estas personas están tan desasistidas en su vida que la religión, la política, los sucesos del país les son completamente indiferentes. Cuando le preguntamos a un plomero que vive en La Vega, que confiesa no tener ninguna religión: ¿Por qué cree que existen otras religiones y cultos?, responde: «Porque eso es como la política: cada quien lleva su religión…». Una persona así no espera nada de los dioses ni de los gobernantes. Sin embargo, este entrevistado nos confiesa que le tiene mucha fe al Dr. José Gregorio Hernández.

«Millones de personas invierten tiempo y dinero en la brujería», dice en una conversación un joven que afirma tajantemente que la brujería existe, aunque él, particularmente, no cree en ella. Y basta hacer un recorrido por el centro e incluso por el este de la ciudad para comprobar que, efectivamente, existe. Podemos responder diciendo: «la brujería no existe, está en la mente», «no existe, es una sugestión» o «es pura charlatanería», pero la realidad dice lo contrario, y la mayoría de los entrevistados dice que sí existe y echa un cuento sobre un caso que conoció o que le contaron. Una cosa es admitir que la brujería existe, así sea en su mente, y otra cosa es que el individuo crea en ella. Pero, generalmente, las personas confunden los dos niveles y temen o se cuidan de decir que existe, no vaya a ser que se piense que la practican y que consultan a brujos y hechiceros. De modo que el cuento

---

25   I. Castillo Sosa. Religiones históricas en el espacio geográfico venezolano. pp. 270-319.

de la vecina o de un amigo a quien le pasó esto y lo otro es un recurso muy común para desviar la atención. Veamos a continuación algunas definiciones que nos dieron de la brujería:

- «Yo creo que la gente es capaz de mover energías negativas».
- «Sí existe la brujería: personas que les hacen daño a otras personas mediante la lengua, las palabras, las maldiciones».
- «Definitivamente, creo que hay una fuerza mental muy grande que es y ha existido en todos los tiempos y que hay gente que la desarrolla en una forma, y que a esta mala intención le ponen el nombre de brujería».
- «Sí, claro. La brujería funciona desde el momento en que queremos conseguir las cosas por la vía rápida, la vía fácil y creyendo en cuestiones nada lícitas».
- «Sí, me han contado. Esa muchacha que es santera me ha contado».
- «Sí, porque la practico (respuesta de un joven palero que vive en el este de la ciudad)».
- «Pues de que vuelan, vuelan. Sí pueden existir personas que hagan daño a otros. La gente comenta».
- «Hay algo que no se puede explicar. Llámalo brujería, no sé».
- «Es una sugestión. Es el convencimiento de las personas de que los males o las cosas que pasan tienen una causa metafísica o religiosa».
- «Sí existe, porque para el cristiano existe el Enemigo».
- «Sé que existe, pero nunca he participado».

Nadie confesará tan fácilmente que fue a consultar a un brujo para que le hiciera un trabajo o para que le hiciera un daño a otro, pero sí contará que un amigo o un familiar fue. Nadie confesará que alguien le echó una brujería y que tiene que ver a un brujo para deshacerse del hechizo, pero habrá un cuento sobre el particular de una muchacha que tenía carro, apartamento, novio, y que perdió todo porque le echaron una brujería, como nos contaron en una de las conversaciones. La lectura de cartas, del tarot o de las runas y la consulta a astrólogos se acepta más fácilmente entre las personas de la clase media. Sin embargo, las personas que contestaron que la brujería existe y que se habían leído las cartas o el tarot dijeron que lo habían hecho «una sola vez», agregando al final un comentario como: «eso es botar la plata», «es un engaño», y otras frases por el estilo. Porque la brujería, la magia, es la parte privada y oculta de las religiones y, por eso, no se ventila a la luz pública. Ya lo explicaba muy bien Alfredo Chacón a propósito de Curiepe: las representaciones y creencias mágico-religiosas tienen dos niveles: uno que se exterioriza en actos públicos o domésticos, de carácter predominantemente religioso y otro, más íntimo, que sucede en el ámbito doméstico, pero cuyo sentido y significación es eminentemente mágico. La brujería y la adivinación estarían dentro de estos actos mágicos[26]. Solo que hoy día los brujos no suelen venir a las casas (creo yo), sino que son las personas las que van a sus «consultorios» luego de concertar una cita por teléfono o por Internet. Los más conocidos tienen su tarjeta de presentación y dan su dirección y teléfonos, pero también se puede ir a cualquier negocio esotérico de Caracas, en un centro comercial, y preguntar. Le darán a la persona un nombre y un teléfono, si es que el adivino o la maga no atienden en el mismo establecimiento, como ya hemos comprobado.

El brujo o la maga, o como se haga llamar este traficante de ilusiones de estos tiempos, recomienda el procedimiento a seguir para que el consultante logre obtener lo que desea. Así, la brujería sigue siendo un acto privado, pero ya no tanto, pues el brujo se anuncia y se hace propaganda. Ya no se oculta como antes, sobre todo desde que esa actividad ya no se llama brujería como tampoco se llama brujo o bruja al que la practica, aunque todavía se puede oír: «hay una bruja buenísima en tal parte». Los nombres de «psíquicos», «médiums», «tarotistas», «videntes», «parapsicólogos» y otros borran los contenidos maléficos de los términos tradicionales. Las artes ocultas salen a la luz y

---

26   Véase supra.

se pueden tomar clases de astrología, de tarot… «Mover la energía» es otra de las formas lingüísticas para referirse a este tipo de actividades. Y la energía, como la brujería, puede ser buena o mala. Será buena si logro obtener lo que quiero, y mala, en caso contrario.

Las puertas de la magia (de la hechicería y de la brujería) se abren cuando la adversidad o la envidia tocan. La pregunta por la magia y la hechicería comienza por averiguar si los creyentes consideran que las deidades, santos y espíritus conceden favores, premian, castigan. Hay que averiguar también si hay consultas a hechiceros y adivinos para resolver los problemas o para obtener lo que se desea: salud, en primer término, armonía familiar, paz, trabajo. Dado que el futuro está en estrecha relación con el Mal, porque se quiere siempre que el futuro sea mejor, los ritos de adivinación son de la mayor importancia, y entre ellos la astrología es el más solicitado en la clase media. La consulta lo que pretende, en el fondo, es anular el presente precario y angustiante y sustituirlo por un futuro armonioso, diferente y seguro.

Frente a la enfermedad, ¿qué hacer además de ir al médico? Nada, es decir, no hago nada puesto que ya lo llevé al médico, o entonces y además… la magia. Porque, para algunos, llevarlo al médico no basta. Para algunos hay que involucrar a Dios, a la Virgen, a José Gregorio Hernández o a cualquier otra entidad como la Corte médica de María Lionza o Babalú-Ayé de los santeros en la curación del enfermo. Para muchos venezolanos, la culebrilla solo se cura si la rezan, igual que el «mal de ojo» causante, para muchos, de la mayoría de las enfermedades de la infancia.

Damos por sentado que las personas de la clase media van al médico. Los antropólogos que estudiamos en el capítulo anterior nos hablaron de un doble discurso que se maneja en la población respecto de la enfermedad: el discurso médico y el discurso mágico que Alfredo Chacón engloba bajo el término médico-mágico. Ninguna persona se conforma con rezar solamente, si se enferma. Todos van al médico, pero hay una mayoría que, además de ir al médico, reza.

Otra pregunta muy importante para nosotros en relación con este tema es la del poder para curar o para hacer daño a otros. La mayoría respondió que hay personas que tienen poderes para curar, aunque admite que no conoce a ninguna sino que había oído o le habían contado. Se trata del mismo tipo de respuesta a la cuestión de si la brujería existe. Las personas dicen no conocer a ningún brujo y tampoco conocen a personas que hacen daño o curan, pero afirman que sí existen tanto la brujería como el poder para curar porque han oído hablar de eso. No hay ninguna contradicción en las respuestas, pues se trata, sobre todo, de preservar la privacidad (yo no fui a consultar brujos, me contaron) y más aún de confirmar el poder de la magia, de los brujos y, por ende, de las personas que tienen poderes. Hay que entender que la magia y la brujería pertenecen al universo oral de la vida de las personas, y en ese universo, la certeza de la existencia de la magia es innegable: la magia no se cuestiona. Para comprender lo tajante de esta aseveración sobre la magia, traemos a colación la frase de Lévy-Strauss a propósito de un chamán: «Quezalid no se convirtió en un gran hechicero porque curara a sus enfermos, sino que sanaba a sus enfermos porque se había convertido en un gran hechicero»[27]. Primero la magia, después los magos y los hechiceros. La Antropología haitiana ha demostrado que la creencia en los zombis persiste, no solo porque se siguen oyendo cuentos de personas convertidas en zombi, sino porque un zombi confirma la existencia de la magia en Haití.

La mayoría, los que no se leen las cartas ni las runas, mucho menos el tabaco o los caracoles, tampoco contestaron afirmativamente a la pregunta de si se han hecho baños, limpiezas, despojos u otros ritos por el estilo. La mayoría niega también el uso de amuletos o de cualquier otro objeto que les sirva de protección. Nosotros sabemos que en los sitios donde se cura con piedras, colocando distintos tipos de cuarzo en el cuerpo del enfermo, o en los sitios donde se realizan sesiones de «imposición de manos», de «limpieza del aura», la gente asiste a granel, se paga muy poco, además, y todos los presentes comentan acerca de los buenos resultados obtenidos mientras esperan su turno.

---

27   Lévy-Strauss, *Antropología estructural*, p. 163

Nos hemos encontrado con profesionales, profesores universitarios, gente de la radio y de la televisión en nuestros recorridos por esos sitios en el este de la ciudad. Se dice hoy día que en esas sesiones «se mueve la energía», «se equilibra la energía de tu cuerpo», las personas pueden transmitirte una buena o mala energía.

No importa, en resumidas cuentas, que las preguntas sobre la adivinación (sobre lectura de cartas y horóscopos) sobre los ritos para sanar o limpiar (baños, despojos,) y sobre el uso de amuletos hayan sido contestadas negativamente. La creencia en la brujería puede ser constatada por diversas vías: en las conversaciones, en las entrevistas, por los objetos que la gente compra en las tiendas esotéricas... Los argumentos, las experiencias, las anécdotas que la brujería suscita comprueban su existencia para la mayoría de la gente.

Hay que recordar, para terminar con este punto, que el pensamiento mágico y el pensamiento científico son paralelos tanto en las personas como en la sociedad. La desgracia tiene que ser conjurada, detenida, sujetada, en la búsqueda del bien. La mayoría de los mortales necesitan saber que el Mal puede ser, si no dominado, al menos mantenido a raya.

Todos los entrevistados manifestaron que hay gente envidiosa, «muchos», «muchísimos», «más de lo que uno cree» acotaron algunos. La mayoría dijo también que se reconocía a los envidiosos por la mirada, por desear lo que tú tienes y lo que ellos no tienen, y por alegrarse del mal ajeno. Para la Antropología africana, envidia y hechicería están asociadas: la hechicería es la reguladora de la envidia. En otras palabras, la hechicería sería el mecanismo que frena la violencia que genera la envidia. La vida del clan, del linaje o de la familia puede convertirse en un infierno con los chismes, críticas y maledicencias entre los miembros del grupo[28].

Resulta coherente entonces que si las personas respondieron, en su gran mayoría, que la brujería existe, respondan también que la envidia existe. Algunos entrevistados se refirieron a la situación actual

---

28   No por casualidad el artículo sobre la envidia que publicó María Zambrano en el libro *El hombre y lo divino* se titula «El infierno terrestre: la envidia». La filósofa llama también a la envidia: «avidez de lo otro».

del país y señalaron como una consecuencia de este mal que es la envidia, la multiplicación de la delincuencia en todos los ámbitos del país, por la exacerbación del resentimiento en la población. La polarización buscada entre los que tienen y los que no tienen, entre los que supuestamente han robado y los que no, también fueron temas de muchas conversaciones. Los estudios sobre el crecimiento de la violencia en el país abundan y algunos son muy precisos a la hora de establecer relaciones entre el discurso gubernamental y las reacciones que genera. En cuanto a lo que a nosotros concierne, la relación entre envidia y hechicería animó muchas conversaciones con gente diversa.

Si en las sociedades africanas y en casi todas las sociedades del mundo la hechicería toma a su cargo la desgracia y la violencia de los seres humanos, es también la hechicería el privilegio de unos individuos supuestamente dotados de poderes psíquicos especiales. Ambos, tanto la hechicería como los brujos o hechiceros forman parte del orden social global[29]. De modo que brujería, personas que tienen poderes para curar y para hacer daño y entes sobrenaturales que desatan o atajan los males debidos a la acción de la hechicería o de los brujos forman parte de un mismo orden, en cuyo centro se encuentra instalada la dimensión persecutoria del mal que es, en última instancia, la responsable de encontrar un culpable que sea exterior al sujeto que padece.

El discurso antropológico sobre la religiosidad de los venezolanos había destacado la importancia que la noción de suerte tiene en la vida de las personas. Entendimos que no se hacía nada sin contar con la suerte, que ella era casi una condición *sine qua non* para asegurar la realización de cualquier actividad, sea amor, trabajo, salud… Nos encontramos ahora que, para una gran mayoría de personas, la suerte es una probabilidad de ganar algo en un juego de azar como el Kino o la lotería. En modo alguno es la suerte, hoy día, un requisito previo con el que hay que contar para lograr algo. La suerte es

---

29   M. Augé. *Génie du paganisme*, pp. 216-233.

azar, una probabilidad, una oportunidad, y la mayoría de los entrevistados afirman que la suerte «depende de uno mismo», «es cómo aprovechar las oportunidades», «depende de cómo tú te manejes en la vida». Para muy pocos de los entrevistados, la suerte depende de Dios, es decir, de un poder externo al individuo al que hay que invocar y luego agradecer.

En este mundo de hoy, en el que todo se centra en el individuo, Narciso, el enamorado de sí mismo en la mitología griega, es el arquetipo de nuestro tiempo según la Sociología norteamericana. No es de extrañar, entonces, que la suerte, que era algo totalmente exterior al individuo, como un dios que podía estar o no estar, mudable y cambiante como la diosa de la Fortuna, se haya desplazado del exterior hacia el centro del individuo. En la Roma clásica, la Fortuna era la divinidad del destino, símbolo del capricho y de la arbitrariedad que rigen la existencia. Una divinidad implacable, no por maldad ni por odio, sino por una especie de indiferencia a las consecuencias de sus caprichos o del azar. Con el tiempo, Fortuna se convirtió en diosa de la suerte; el cuerno de la abundancia es su atributo y su otro emblema es el timón, con el que dirige el rumbo de la vida humana, de pie o sentada, casi siempre ciega. En nuestro tiempo, la Fortuna dejó de ser una divinidad externa: ahora, en el discurso narcisista de la globalización, la fortuna «depende de uno mismo», «la suerte se la hace uno mismo».

Que ya no se dependa de un poder externo para alcanzar los logros nos parece un cambio positivo en la personalidad de los venezolanos, pues promueve un desarrollo de las capacidades de los individuos, aumenta la confianza en uno mismo y predispone a actuar y a no esperar que las cosas caigan como dones del cielo.

Negar que exista la suerte, admitir que la suerte es azar y pensar que los logros dependen del esfuerzo de cada quien es cambiar la configuración y el valor de la suerte en la vida de los individuos. No hay duda de que este cambio mejora la salud psíquica, al reforzar la autonomía de las personas y la asunción de las responsabilidades. Podemos decir, además, que la visión de la suerte ha cambiado respecto a lo que señalaba el discurso de la Antropología Religiosa en Venezuela: la suerte ya no es un dato imprescindible para acometer cualquier acción.

Por último, muchas personas consideran que deben portarse bien por una cuestión de trascendencia («para ir al cielo», «porque Dios lo ordena», «para tener una recompensa en otra vida»), pero la gran mayoría admitió que se portan bien para que les vaya bien personal y socialmente, es decir, para que la convivencia sea mejor. La separación del poder eclesiástico y del poder político funda la Modernidad y es uno de los bastiones más firmes de la democracia. En algunas sociedades contemporáneas, en el Medio Oriente, por ejemplo, la estrecha vinculación entre la esfera política y la religiosa pone en peligro las futuras democracias de esos países.

A modo de conclusión, podemos decir que las religiones y las relaciones con lo sagrado cambian continuamente. Sometidas a la historia y a las necesidades de los creyentes, se presentan en Venezuela como un mosaico de variados colores y relieves, que responden también a la realidad sociopolítica del país. Si el número de los ciudadanos en condición de pobreza y de desamparo aumenta, las llamadas «Religiones de salvación» con su cohorte de mesías que entusiasman a las masas prometiéndoles un mundo mejor... en el futuro, aumentarán.

En estos momentos en que las ideologías totalitarias intentan reencantar al mundo, la necesaria separación del poder político y del religioso, la separación de la vida pública y de la privada, la disminución del miedo y de la incertidumbre conducirán de nuevo a los dioses y a los espíritus, a las entidades y a los santos, a los lugares propios del culto, es decir, a los templos y a las iglesias, a los ámbitos privados de las casas y de los centros para ocuparse de los asuntos que les corresponden. De esta manera, la política ocupará de nuevo el espacio público que le es propio y los ciudadanos, libres de la persecución de los dioses y de sus semejantes, podrán ejercer en libertad los deberes y derechos que procuran el bien común.

BIBLIOGRAFÍA

ALLAIS, María Luisa y J. Córdova. *Memoria de La Laguna*. Caracas, Total Venezuela S.A., 2009.

AYERRA, Jacinto. *Los protestantes en Venezuela*. Caracas, Ediciones Trípode, 1980.

ASCENCIO, Michaelle. *Las Diosas del Caribe*. Caracas, Editorial Alfa, 2007.

___________. *Entre Santa Bárbara y Shangó*. Caracas, Facultad de Ciencias Económicas y Sociales y Fondo Editorial Tropykos, 2001.

ASKOFARÉ, S. «Enfermedad mental y figuras del Mal en África negra». *Trazos*. Medellín, Universidad de Antioquia, N° 3, 2003.

AUGÉ, Marc. *Génie du paganisme*. París, Éditorial Gallimard, 1990.

BARRETO, Daysi. *María Lionza. Genealogía de un mito*. Caracas, octubre de 1998 (tesis doctoral, mimeografiada).

CASTILLO, Sosa, Ignacio, S.J. «Religiones históricas en el espacio geográfico venezolano». *GeoVenezuela*, Caracas, Fundación Empresas Polar. Tomo 8. 2009.

CHACÓN, Alfredo. *Curiepe*. Caracas, UCV, Facultad de Ciencias Económicas y Sociales, 1979.

CLARAC DE BRICEÑO, Jacqueline. «El culto de María Lionza». *América indígena*, Vol. XXX, n.º 2, abril 1970.

___________. *Dioses en el exilio*. Caracas, Editorial Arte, 1981.

___________. *La cultura campesina en los Andes venezolanos*. Mérida, Universidad de Los Andes, 1976.

___________. *La Enfermedad como lenguaje en Venezuela*. Mérida, Universidad de Los Andes,1996.

FETSCHER, Iring. *La Tolerancia*. Barcelona, Editorial Gedisa, 1996.

GARCÍA GAVIDIA, Nelly. *El arte de curar en el culto a María Lionza*. Maracaibo, Universidad del Zulia, 1996.

__________. *Posesión y ambivalencia en el culto a María Lionza*. Maracaibo, Universidad del Zulia, 1987.

LÉVY-STRAUSS, Claude. *Antropología estructural*. Buenos Aires, Editorial Eudeba, 1968.

MANARA, Bruno. *María Lionza*. Caracas, Universidad Central de Venezuela, 1995.

MARTIN, Gustavo. *Magia y religión en la Venezuela contemporánea*. Caracas, EBUCV, 1983.

__________. *Teoría de la magia y de la religión*. Caracas, Universidad Central de Venezuela, 1983.

MARZAL, Manuel M. *Sincretismos religiosos latinoamericanos*. Madrid, Editorial Trotta, 1993.

MONTERO, Maritza. *Ideología, alienación e identidad nacional*. Caracas, Universidad Central de Venezuela, 2004.

ORTIZ, Fernando, *Hampa afrocubana. Los negros brujos: apuntes para un estudio de etnología criminal* [1906], Miami, Florida, Ediciones Universal, 1973.

POLLAK-ELTZ, Angelina. «El Pentecostalismo en la América Latina hoy. Introducción». En: Pollak-Eltz, Angelina y Yolanda Salas. *El Pentecostalismo en América Latina*. Quito, Editorial Abya-Yala, 1998.

__________. *La religiosidad popular en Venezuela*. Caracas, Editorial San Pablo, 1994.

__________. «El 'Nuevo hombre' en el concepto del pentecostalismo evangélico». *La construcción de una nueva identidad. Los rostros de la identidad*. Caracas, Universidad Simón Bolívar.

__________. *María Lionza, mito y culto venezolano*. Caracas, UCAB, 1985.

SAFRANSKI, Rüdiger. *El Mal o el drama de la libertad*. Barcelona, Tusquets Editores, 2000.

SALAS, Yolanda. «Cultura, retórica y poder del pentecostalismo evangélico. Iglesia Dios es Amor». En: Pollak-Eltz, Angelina y Yolanda Salas. *El pentecostalismo en América Latina*. Quito, ediciones, Abya-Yala, 1998.

__________. «La dramatización social y política del imaginario popular: el fenómeno del bolivarismo en Venezuela». *Estudios Latinoamericanos sobre cultura y transformaciones sociales en tiempos de globalización*. Buenos Aires, FLACSO, 2001.

__________. «Nuevas subjetividades en el estudio de la memoria colectiva». *Venezuela: tradición en la modernidad*. Caracas, Equinoccio, Ediciones de la Universidad Simón Bolívar y Fundación Bigott, 1998.

__________. «Una biografía de los espíritus en la historia popular venezolana». *INTI. Revista de literatura hispánica*. Providence, Brown University. 1997.

SEIBOLD, Jorge R. «Religión y magia en la religiosidad popular latinoamericana». *Religión*. Madrid, Editorial Trotta, 1993.

SMILDE, David. «Contradiction without paradox: evangelical political culture in the 1998 Venezuelan elections». *Latin American Politics and Society*. Vol. 46. nº 1, Florida, University of Miami, 1999.

__________. «Los evangélicos y la polarización: la moralización de la política y la politización de la religión». Caracas, *Revista Venezolana de Economía y Ciencias sociales*, vol.10, nº. 2 (mayo-agosto). 2004.

SUÁREZ, María Matilde. «Ámbitos regionales: geosímbolos religiosos». *GeoVenezuela*. Caracas, Fundación Empresas Polar, Tomo 8, 2009.

TABUAS, Mireya. «Sorte se mudó a la Mariposa.» Caracas, *El Nacional*, Domingo 01 de junio de 2008.

TRIGO, Pedro. *La cultura del barrio*. Caracas, Universidad Católica Andrés Bello, 2004.

__________. «Las sectas en Venezuela. Hipótesis y propuestas». *Una Constituyente para nuestra iglesia*. Caracas, Universidad Católica Andrés Bello, 2000.

VARGAS, César. *Estudio etnográfico del comportamiento mágico-religioso en la Venezuela contemporánea*. Maracaibo, Ediciones Astro Data, 1987.

WEBER, Max. Sociología de las religiones. Madrid, Ediciones Istmo, 1997.

ZAMBRANO, María. *El Hombre y lo divino*. México, Editorial F.C.E., 1993.